# 희망의 예수

Jesus of the Hope

윤종수 성서 명상 시선

**희망의 예수** Jesus of the Hope

2019년 2월 15일 초판 1쇄 인쇄
2019년 2월 22일 초판 1쇄 발행

지 은 이 | 윤종수
펴 낸 이 | 김영호
펴 낸 곳 | 도서출판 동연
등     록 | 제1-1383호(1992. 6. 12)
주     소 | 서울시 마포구 월드컵로 163-3
전     화 | (02)335-2630
전     송 | (02)335-2640
이 메 일 | yh4321@gmail.com



ISBN 978-89-6447-459-4    03230
ISBN 978-89-6447-450-1    03230 (세트)

윤 종 수 성 서 명 상 시 선

# 희망의 예수

## Jesus of the Hope

동연

그로부터

희망이 시작되었다.

절망의 땅에서

눈을 부릅뜨고 일어나

하늘을 바라보는 그를 통해

새로운 역사는 일어나는 것이다.

# 차례

2장

# 당신입니까?

3장

# 나는 누구인가?

# 4장

# 하늘의 아들

## 프롤로그(Prologue)

당신 옆에
있고 싶습니다.
언제까지 당신과
함께하겠습니다.

이것이
나의 행복이요
이것이
나의 기쁨입니다.

당신의 모든 것을
사랑하겠습니다.
당신이 가진 것이 아니라
당신 자신을 사랑하겠습니다.

어떤 일이 있어도
흔들리지 않겠습니다.
끝까지 참아내며
당신 옆에 있겠습니다.

그 누가 뭐라 해도
모든 사람이 당신을 비난해도
나만큼은 당신을

믿어주겠습니다.

이것이 나의 선택이며
이것이 나의 사랑이기에
흘러간 시간들을
후회하지 않겠습니다.

세월이 하얗게
모래처럼 흘러내려도
변함없이 그 자리에
서 있겠습니다.

당신을 사랑합니다.
당신을 위해 기도합니다.
나에게 주어진 모든 것을 바쳐
사랑의 기적을 만들어가겠습니다.

# 1 장

# 나사렛 사람

# 1. 계보

나는 하늘에서 떨어진 게 아니었다.
로마 제국의 식민지,
가장 어두운 땅에서
나는 태어나 자랐다.

나의 조상은 광야를 떠도는
밑바닥 유랑민이었다.
아브라함은 이삭을 낳고
이삭은 야곱을 낳고…

한곳에 머물러 성을 쌓는 자는
진리의 땅으로 떠날 수가 없다.
죽음 앞에 선 막다른 삶의 현장,
그곳에서 눈은 언제나 하늘로 향한다.

나는 피맺힌 인간의 참상들을
두 눈으로 똑똑히 보았다.
무엇이 문제인가?
무엇이 인간을 괴롭게 하는가?

인간의 역사는 뺏고 뺏기는 욕망의 과정이었다.
그 속에서 그들은 살아남았다.

다말과 라합과 룻과 밧세바,
그리고 나의 어머니 마리아.

수치의 여인들.
혀 짤린 여자들.
나는 거기에서 왔다.
그들을 통해서 내가 태어났다.

가난하다 부끄러워 말고
어렵다고 포기하지 말라.
어떤 고난 속에도 굴하지 않고 다시 일어섰을 때,
그곳에 희망이 있는 것이다.

나를 보라.
자랑할 것도 내세울 것도 없지만
진흙탕에서 연꽃을 피워냈지 않은가?
사막에서 생수를 흐르게 하지 않았는가?

---

아브라함과 다윗의 자손 예수 그리스도의 계보라. Matthew 1:1

## 2. 임마누엘(God with us)

그것이 나의 희망이었다.
그가 함께하신다는 것.
누군가 내 옆에
있어 준다는 것.

그것은 나 혼자 죽는 게 아니었다.
그가 나와 같이 죽는 것이었다.
나 혼자 당하는 게 아니었다.
그가 같이 당하는 것이었다.

오히려 그가
나보다 더 아파하셨다.
그것이 아버지의 마음이었다.
그것은 어머니의 가슴이었다.

그가 내 옆에서
나에게 속삭이셨다.
그리고 나의 손을 붙잡고
나를 떠나지 않으셨다.

내가 함께 할게.
내가 끝까지 있어줄게.

내가 같이 죽어줄게.
그게 나의 십자가야.

나는 홀로 죽는 것이 두려웠다.
누군가 옆에 있어주기를 기다렸다.
누군가 내 옆에서 손만 잡아준대도
나는 죽음을 견뎌낼 수 있었다.

세상에서 홀로 죽는 것처럼
외로운 것이 또 있을까?
그것은 완전히
버림을 받는 것이었다.

그것을 위해
나는 세상에 온 것이었다.
너희와 함께하기 위해서…
너희를 위해 죽임을 당하기 위해서…

---

보라, 처녀가 잉태하여 아들을 낳을 것이요 그의 이름을 임마
누엘이라 하리라. Matthew 1:23

# 3. 베들레헴(Bethlehem)


나는 예루살렘에서
태어날 수가 없었다.
오래전부터 그곳은
가진 자들의 땅이었다.

한때 그곳은 신의 도시였지만
이제는 아니었다.
타락한 권력은
희망이 없었다.

예루살렘이 아닌
가장 작은 마을에서
내가 태어났다는 것,
그것이 그들에게는 충격이었다.

동방의 현자들이
멀리서 찾아왔다.
하늘의 신성이
그들에게 나타났다.

그들은 새로운 시대의 징조를 깨달았다.
늙은 여우 헤롯과

예루살렘의 가진 자들은
두려움에 떨었다.

만의 하나라도
이것이 사실이라면
이제 그들은 끝난 인생이었다.
욕망의 시대는 사라진 것이었다.

그들이 할 수 있는
마지막 남은 계획은
그 싹을 자르는 일이었다.
죽음의 음모가 진행되었다.

역사는 베들레헴에서 일어났다.
그는 그곳을 선택했다.
가장 작고 가난한 마을.
그곳에서 혁명은 시작되었다.

---

유대 땅 베들레헴아, 너는 유대 고을 중에서 가장 작지 아니하
도다. 네게서 한 다스리는 자가 나와서 내 백성 이스라엘의 목
자가 되리라. Matthew 2:6

## 4. 새 왕

새 왕이 왔도다.
일어나 맞이하라.
어둠의 시대를 걷어내고
진리의 불을 밝히라.

가장 가난한 왕.
헐벗고 굶주린 왕.
하늘의 영토를 가진
영원한 자유의 왕.

세상의 바람이 아닌
하늘의 바람으로
무에서 영원까지
가득 채우실 왕.

낡은 옷을 벗어
너의 길에 펼치라.
그의 길을 준비하고
대로를 평탄케 하라.

그의 희망을 담을
새 부대를 만들라.

너 자신이
그의 부대가 되라.

너의 자아를 버려
그와 하나가 되라.
너의 마음을 비워
그가 들어오게 하라.

날마다 너의
허물을 벗으라.
하늘의 세계를 나는
빛나는 나비가 되라.

이것이 바로 그의 뜻이니
세상에 오신 그의 소원이니
이것을 위해 그는
이 땅에 오신 것이니…

## 5. 도피

집을 떠나야 했다.
죽음의 그림자가 내려왔다.
아버지는 나와 어머니를 데리고
이집트로 피하실 수밖에 없었다.

광야를 지났다.
물 한 모금을 마실 수가 없었다.
어차피 삶이란 것은
자신이 견뎌내야 한다.

손을 내밀거나
도움을 구걸하는 것은
거지의 누더기를 걸친
무의지의 삶이다.

세계는 넓었다.
많은 사람을 만났다.
그들은 삶의 밑바닥을
헤매고 있었다.

진리란 무엇인가?
인간은 무엇으로 살아야 하는가?

하지만 그때 나에게 필요한 것은
생존의 욕구였다.

살아야 한다.
견뎌내야 한다.
반드시 이겨내야 한다.
삶은 승자들의 역사이지 않은가?

그것은
그의 부르심이었다.
불타는 연단의 시간이었다.
안으로 익어가는 뜨거운 시절이었다.

피할 때가 있고
맞이할 때가 있다.
머무를 때가 있고
움직일 때가 있다.

일어나 아기와 그의 어머니를 데리고 애굽으로 피하여 내가
네게 이르기까지 거기 있으라. Matthew 2:13

# 6. 나사렛 사람(A Nazarene)

배신과 반역의 땅.
질시와 천대의 땅.
사람들은 모두 손가락질을 했다.
나사렛 사람이래.

나사렛에서 무슨 선한 것이
나올 수 있겠는가?
그래서 나는 그 땅으로 갔다.
거기가 바로 내가 살아갈 땅이었다.

나는 그들에게
진실을 보여주고 싶었다.
가능성은 어디에나 있었다.
출신이 문제가 아니었다.

그것이 내가 원하는
하나님 나라가 아니었던가?
내가 뱉은 말은 행동으로
입증해야 하지 않겠는가?

목숨을 내놓으면
무엇인들 못하겠는가?

끝없이 반복하다 보면
이룰 날이 있지 않겠는가?

내가 다 마치지 못하면
내 후대들이 할 수도 있다.
나 하나는 약하지만 힘을 합한다면
기적이 일어날 수도 있다.

나는 그것을
한번 이루어보고 싶었다.
그것에 나의 삶을
던져보고 싶었다.

나는 그 땅이
희망의 땅이 되기를 바랐다.
나는 그곳에서 생명의 나라를
일구어 보고 싶었다.

---

나사렛이란 동네가 가서 사니 이는 선지자로 하신 말씀에 나
사렛 사람이라 칭하리라 하심을 이루려 하심이러라. Matthew
2:23

## 7. 준비

광야에서 소리가 들려왔다.
너희의 삶을 돌이키라.
천국이 가까이 왔도다.
회개의 열매를 맺으라.

말만 하지 말고
너희가 뱉은 그 말대로 살라.
기름진 희생의 제물보다
너희의 마음을 바치라.

그렇게 살아서는
희망이 없었다.
진리는 땅에 떨어지고
사람들은 더 이상 꿈을 꾸지 않았다.

기대를 걸지 않는 것은
모두에게 불행한 일이었다.
희망을 포기한 절망은
죽음으로 가는 병이었다.

그들은 진리를 위해서는
손가락 하나 움직이기 싫어했다.

그들에게 있어서 구도나 수행은
모두 부질없는 일이었다.

그냥 믿기만 하면 되는 것이었다.
선행으로 구원을 받을 수 있겠는가?
지금 이 순간이 최고의 선이었다.
잘 먹고 잘 사는 것이 삶의 이유였다.

구원의 길이란 거저 주는 은총이었다.
이름만 부르면 천국에 가는 것이었다.
입으로 믿음을 시인하고
마음으로 영접하면 끝이었다.

너무 무거웠던 율법의 짐이
이젠 값싼 은혜로 전락해버렸다.
나는 다시 시작해야 했다.
다시 그 길을 준비해야 되었다.

---

광야에 외치는 자의 소리가 있어 너희는 주의 길을 준비하라.
그가 오실 길을 곧게 하라. Matthew 3:3

## 8. 신발

나는 너희의 발바닥 아래 있다.
내 앞에 무릎을 꿇지 말라.
나를 숭배하지 말라.
허리를 바로 펴고
두 눈을 부릅뜨고
일어나 나와 함께
새로운 길을 가자.

나를 신으라.
나를 신고 가라.
나는 너희의 신이다.
나는 너희의 발이다.
새로운 땅으로
너희를 인도하리라.

날마다 길을 걸으라.
건강한 발을 만들라.
하루도 쉬지 말고
유혹에 지지 말고
수행의 길을 가라.

나를 제단에 두지 말고

너희의 발 아래 두라.
거기가 바로
내가 있어야 할 곳이니
수행의 길을 걸어가는
거기에 내가 있으리라.

나를 밟으라.
나를 밟고 일어서라.
나는 하늘의 거룩한 돌이 아니고
너희의 디딤돌이니
밟히고 밟혀서
빛나는 돌이 되어
새로운 생명으로
솟아나리라.

사람아, 불을 밝히라.
새 날이 밝아 오도다.

내 뒤에 오시는 이는 나보다 능력이 많으시니 나는 그의 신을
들기도 감당하지 못하겠노라. Matthew 3:11

# 9. 세례

나는 결심을 했다.
그의 길을 따라
나에게 주어진 삶을
온전히 바치기로 하였다.

사람은 누구나 한 번은
결단이 필요할 때가 있다.
이제 나는 공적인 삶을
시작할 때가 되었다.

나는 그 앞에 무릎을 꿇었다.
그는 나에게 세례주기를 거부했다.
내가 당신께 세례를 받아야 할 터인데…
나는 당신의 신발 끈도 맬 수 없는 사람인데…

그러나 나는
그의 인정이 필요했다.
사람들은 모두 그를
하늘의 예언자로 생각했다.

지금은 허락하라.
그래서 모든 의를 이루는 것이 합당하다.

하늘에 겸손하지 않은 것은
하늘이 내지 않은 것이다.

나는 입던 옷을 벗고
그가 주는 옷을 입었다.
나는 그와 함께 물속으로 들어갔다.
벼락이 치고 천둥이 울렸다.

이제 새로운 삶을
시작하는 것이었다.
나의 삶이 아니라
하늘의 삶을 사는 것이었다.

내가 물에서 나왔을 때
하늘에서 소리가 들려왔다.
너는 내 사랑하는 아들이요 내 기뻐하는 자다.
나의 눈에선 뜨거운 눈물이 흘러내리고 있었다.

---

예수께서 세례를 받으시고 곧 물에서 올라오실새 하늘이 열리
고 하나님의 성령이 비둘기 같이 내려 자기 위에 임하심을 보
시더니. Matthew 3:16

# 10. 시험

하늘의 길을 걸어가는 것은
결단코 쉬운 일이 아니었다.
수많은 유혹과 시험을
이겨야 하는 길이었다.

순간 마음을 잃어버리면
천길 지옥으로 떨어졌다.
말은 행동으로 입증되어야 했고
믿음은 삶에서 열매를 맺어야 했다.

진리를 깨닫는 것도
쉬운 일이 아니지만
하늘의 뜻을 이루는 것은
끝없는 구도의 길이었다.

내가 살아가는 것은
먹기 위함이 아니었다.
먹을 것이 있고
먹지 않아야 할 것이 있었다.

내가 생명을 유지하는 것은
이름을 내기 위함이 아니었다.

나 자신을 갈고 닦아
영혼의 빛을 드러내는 것이었다.

내가 가고자 하는 길은
기적을 일으키는 게 아니었다.
일상의 반복되는 신비 속에서
하늘의 뜻을 이루는 것이었다.

모든 시험은
마음의 장난이다.
생각은 흘러가고
현상은 사라지니

진리 위에 선 자에게는
세상의 욕망이 물거품일 것이다.
마음의 눈을 뜨고 바라보면
모든 유혹이 한낱 허상일 것이다.

그 때에 예수께서 성령에게 이끌리어 마귀에게 시험을 받으러
광야로 가사. Matthew 4:1

# 11. 갈릴리 (Galilee)

새 물이 필요하다.
새로운 땅으로 가야한다.
지금까지 있어본 적이 없는
새로운 역사를 시작해야 한다.

새 포도주는
새 부대에 담아야 한다.
찢어진 낡은 가죽부대가
혁명을 감당할 수 있겠는가?

구름이 걷혀야
하늘이 드러나듯
두꺼운 녹을 벗겨내야
광채를 볼 수가 있는 것.

변명 따윈 하지 말라.
핑계 같은 것은 대지 말라.
우리는 누구나 다 똑같이
동일선상에서 출발하는 것이다.

옛날이라고 뒤진 것은 아니고
현대라고 다 좋은 것은 아니다.

우리가 사는 이 시대에서
하늘의 뜻을 이루어야 한다.

여기를 떠나야 한다.
좀 더 넓은 곳.
나를 기다리는 곳.
새로운 물결이 흐르는 곳.

그곳으로 가야 한다.
거기에서 시작해야 한다.
준비된 땅으로 가야 한다.
생명의 나무를 심어야 한다.

흑암에 앉은 백성들이
하늘의 빛을 보아야 한다.
사망의 땅과 어둠의 그늘에
진리의 빛을 비추어야 한다.

---

스불론 땅과 납달리 땅과 요단 강 저편 해변 길과 이방의 갈릴
리여! Matthew 4:15

## 12. 생명의 어부

노를 저어라.
앞으로 나아가라.
번득이는 팔뚝을 걷어 부치고
거센 풍랑을 뚫고 전진해보자.

땀에 젖은 머리칼을
거센 바람에 날리며
눈부신 수면 위를
마음껏 질주해보자.

하늘의 뜻이
이 땅에 임하도록
역동치는 힘을 한데 모아서
새로운 역사를 이루어 보자.

죽어가는 영혼을 흔들어 깨워
산 희망을 가슴에 불어넣으며
성령의 바람이 불어오도록
우리들의 숨결을 일으켜 보자.

역사는 우리 손에 달려있고
생명도 우리 손에 달려있다.

우리가 흘리는 피와 눈물로
하늘의 문이 열리게 되리라.

생명의 구호에 발을 맞추어
영혼의 함성을 함께 지르며
사악한 어둠의 세력을
단번에 완전히 물리쳐 보자.

이미 준비된 우리가 아닌가?
나약한 학문의 세뇌가 아닌
강인한 정신과 단련된 몸에
하늘의 영이 임하게 되리라.

이것을 위해 내가 왔나니
사람이 한 번 사는 것인데
신나게 살아야 되지 않겠는가?
생명의 어부들아, 나를 따르라.

---

나를 따라오라. 내가 너희를 사람을 낚는 어부가 되게 하리라.
Matthew 4:19

## 13. 사역

내가 이 땅에 태어난 것은
바로 이것 때문이었다.
절망의 땅에 희망을 선포하고
민중을 깨워 주인으로 살게 하는 것.

말씀의 위대함을 깨달아
진리의 말씀, 그 위에 서서
하늘의 역사를 이루어 가는 것.
우리가 말하는 그대로 되는 것이다.

마음의 우상에 얽매어
애착의 감정에 휘둘리고
일생 고통 속에 살아가는 자들을
그 속에서 해방시키는 것이다.

과거의 상처에 붙들려
한 발자국도 나가지 못하고
날마다 무덤 속에서 살아가는 그들을
일으켜 세우는 것이다.

너의 자리에서 일어나
나에게로 나아오라.

같이 힘을 합해
생명의 나라를 일으켜 보자.

진리가 살길이다.
삶의 목적이 무엇인가?
날마다 비전을 실상으로 그리며
분명한 목표를 세우고 나아가자.

하루하루 그 나라를 향해
앞으로 나아가다 보면
어느 날 갑자기 하늘의 나라가
우리에게 이루어질 것이다.

그것은 우리가 알 수 없는
성령의 신비한 역사이며
우리의 생각이나 기대가 아닌
하늘의 역사가 바로 그것이리라.

---

예수께서 온 갈릴리에 두루 다니사 그들의 회당에서 가르치시
며 천국 복음을 전파하시며 백성 중의 모든 병과 모든 약한 것
을 고치시니. Matthew 4:23

# 14. 제자의 길

가난의 영성으로 살아가는 자들은 복이 있다.
하나님의 나라가 그들의 것이니
그들은 가난에 비굴하지 않고
가진 것에 교만하지 않는다.

지금 슬퍼하는 자들은 복이 있다.
그들은 하늘의 위로를 받게 될 것이니
그들은 생명의 아픔에 공감하고
그 아픔에 동참하는 자들이다.

마음이 따뜻하고 부드러운 자들은 복이 있다.
그들은 땅을 기업으로 받을 것이니
그들은 마음이 모질거나 독하지 아니하고
상대의 마음을 헤아려 배려하는 자들이다.

의에 주리고 목마른 자들은 복이 있다.
그들은 하늘의 것으로 배부르게 될 것이니
그들은 세상의 뜻을 따르지 아니하고
하늘의 뜻을 먼저 구하는 자들이다.

생명을 불쌍히 여기고 사랑하는 자들은 복이 있다.
그들은 그 사랑을 받을 것이니

자기도 생명의 하나인 것이며
생명을 해치는 것은 곧 자기를 죽이는 것이라.

마음이 깨끗한 자들은 복이 있다.
그들은 하나님을 보게 될 것이니
욕심은 마음을 흐리게 하고
욕망은 타인을 짓밟게 된다.

평화를 위해서 일하는 자들은 복이 있다.
그들은 하늘의 사람이라 불릴 것이니
평화를 위해 일하지 않는 것은
하늘의 뜻과 무관한 것이리라.

옳은 일을 하다가 고난을 받는 자들은 복이 있다.
하나님의 나라가 그들의 것이 될 것이니
너희가 고난을 받으면 오히려 기뻐하고 즐거워하라.
하늘에서 너희가 받고 누릴 상이 클 것이다.

예수께서 무리를 보시고 산에 올라가 앉으시니 제자들이 나아
온지라. Matthew 5:1

## 15. 소금


소금은 소금의 맛이 있고
고추는 고추의 맛이 있으니
너희에게서는
무슨 맛이 나야 하겠느냐?

물은 흘러야 되고
다리는 건너야 하니
살아있는 생명에게서는
무엇이 일어나야 하겠는가?

더하면 짜게 되고
덜하면 싱겁게 되니
적절히 고루 뿌려져
감칠맛이 나야 하지 않겠는가?

너로 인해 세상이
살맛이 나게 되고
너로 인해 생명들이
살아갈 맛이 나야하지 않겠는가?

살아있는 것은 죽지 아니하고
살아있는 생명은 썩지 아니하니

우리가 세상을 살리기 위해서는
생명의 맛이 나야하지 않겠느냐?

소금이 짠 맛을 잃으면
무엇에 쓰겠느냐?
다만 밖에 버려져 밟힐 뿐이니
너희도 맛을 잃으면 그와 같이 될 것이다.

맛을 내라.
살게 하라.
살맛을 내고
감칠맛을 내라.

생명의 맛을 내고
썩지 않을 맛을 내라.
사람들이 너를 통해서
희망의 맛이 생기게 하라.

너희는 세상의 소금이니 소금이 만일 그 맛을 잃으면 무엇으로 짜게 하리요? 후에는 아무 쓸 데 없어 다만 밖에 버려져 사람에게 밟힐 뿐이니라. Matthew 5:13

# 16. 세상의 빛

해가 떠오른다.
대지가 살아난다.
세상에 생명이 부여되고
나무가 열매를 맺게 된다.

빛을 비추라.
한 번뿐인
너의 삶을 불태워
이 땅의 어둠을 밝히라.

진리의 불을 켜라.
마음의 불을 밝혀
항상 너 자신이
깨어있게 하라.

영혼이 어두우면
세상도 어두워지고
우리의 희망도 사라지리니
그 불이 꺼지지 않게 하라.

내가 희망이다.
내 안에서 타오르는

진리의 빛이
생명을 살아나게 한다.

너의 혼신을 다해
영혼의 불을 밝히라.
그 빛을 보고
사람들이 길을 찾도록 하라.

이것 때문에 우리가
살아가는 것이 아니더냐?
너의 남은 삶을
무엇을 위해 바치겠느냐?

너의 열정을 불태우라.
너의 영혼을 불사르라.
이것을 위해 내가 왔나니
내가 세상의 어둠을 이기었노라!

---

너희는 세상의 빛이라. 산 위에 있는 동네가 숨겨지지 못할 것
이요. Matthew 5:14

## 17. 완전

율법이란
내려온 문자가 아니라
그 시대 속에서 하늘의 뜻을 찾아가는
살아있는 정신이니

율법을 지킨다는 것은
문자를 그대로 믿는 것이 아니라
그 정신을 온몸으로
살아내는 것이리라.

선지자는
자기의 자리에서
진실을 증거하며
하나님 앞에 서 있는 사람이다.

어떻게 살아야 될지,
언제 계시가 내려올 지,
항상 깨어서
기다리는 사람이다.

그리하여 신앙이란
깨뜨리고 파괴하는 것이 아니라

완전하게 하여
완성하는 것이리니


그것은 가장 아름다운
지고의 예술인 것이며
영혼과 생명을 살리는
최고의 창조인 것이라.


새로운 역사는
끊임없이 자아를 못 박는
개혁에서 나오는 것이지만
과거를 송두리째 부정하는 것은 아닐진대


작은 것 하나라도 소중히 여기는 마음에서
온전한 완전은 주어지는 것이니
경건하고 겸손한 마음으로
완성을 향해 나아가라.


내가 율법이나 선지자를 폐하러 온 줄로 생각하지 말라. 폐하
러 온 것이 아니요 완전하게 하려 함이니라. Matthew 5:17

# 18. 화해

살아 있으라.
살아있게 하라.
그것이 생의 명령이니
그 명령을 따르라.

생명을 해치지 말라.
어떠한 이유에서든지
생명을 손상하는 것은
사함을 받지 못하리라.

생명을 존중하라.
생명을 함부로 하지 말라.
형제에게 화를 내지 말라.
형제를 욕하지 말라.

다 같은 생명이니
원래 같은 줄기이니
서로를 불쌍히 여기라.
너의 자리를 내어주라.

너 자신을
화해의 제물로 드리라.

나와 화해를 하려거든
먼저 너희끼리 화목하라.

너의 소유가 무엇이냐?
모두 하늘에서 받은 것이 아니더냐?
하늘이 주신 것을
나누어서 사용하는 것이 아니더냐?

네가 받은 손해가 무엇이냐?
그것이 그렇게 억울하더냐?
천추에 씻을 수 없는
상처로 남는 것이더냐?

피는 피를 부르고
미움은 쟁투를 불러오나니
네가 남김없이 다 갚기 전에는
결단코 거기에서 나오지 못하리라.

---

예물을 제단 앞에 두고 먼저 가서 형제와 화목하고 그 후에 와
서 예물을 드리라. Matthew 5:24

## 19. 순결

성은 아름다운 것이다.
생육하고 번성하는 동력이요
생명을 유지하는 본능이며
사랑을 만들어내는 근원이다.

성은 탐스러운 것이다.
그리하여 성은
생명이 우리에게 준 선물이요
삶을 가능케 하는 축복이다.

그러나 아름다움을
그 자체로 보지 않고
소유로 보는 데서
죄가 시작되었다.

너의 관심사는 무엇이냐?
너는 무슨 생각을 하고 있느냐?
너의 세포는 무엇을 감지하고 있느냐?
너의 가슴은 무엇을 갈구하고 있느냐?

육신의 쾌락이냐?
영성의 수행이냐?

풍요로운 삶이냐?
거룩한 생활이냐?

몸과 영혼이 합해져
영성이 형성되니
너의 몸을 정결케 하라.
너의 영혼을 순결케 하라.

마음을 다스리라.
마음이 몸을 지배하고
마음이 정결하면
몸은 따라오는 것이니

정욕을 구하지 말라.
헛되고 헛된 것이니라.
때가 되면 자기가 뿌린
그 열매를 거두게 될 것이라.

나는 너희에게 이르노니 음욕을 품고 여자를 보는 자마다 마
음에 이미 간음하였느니라. Matthew 5:28

# 20. 맹세

큰소리치지 말라.
잘난 체하지 말라.
네가 처한 상황에서
오직 진실을 추구하라.

네가 무엇을 맹세할 수 있겠느냐?
세상에 변치 않는 것이 있겠느냐?
너는 약한 인간이다.
너는 한계를 가지고 있다.

감히 하늘을 가리키지 말라.
네가 하늘 아래에서
부끄럽지 않은 삶을
살 수가 있는 것이더냐?

땅에 손가락질을 하지 말라.
너는 땅에서 왔고
땅으로 돌아갈 것이거늘
너 자신을 더럽히지 말라.

네 머리로도 말라.
네 머리 위에는 하늘이 있다.

너는 머리카락 한 올도
마음대로 희게 할 수가 없다.

무슨 말이 그렇게 많으냐?
무슨 핑계를 그렇게 대느냐?
옳은 것에는 옳다고 하고
아닌 것에는 아니라 하라.

네 생각을
진리로 주장하지 말라.
너는 그저 진리의
한편을 보고 있는 것.

너는 언제까지 계시의
한 자락을 찾아서 가는 것일 뿐.
이에서 지나는 것은
악에서 오는 것이니라.

---

오직 너희 말은 옳다 옳다, 아니라 아니라 하라. 이에서 지나는
것은 악으로부터 나느니라. Matthew 5:37

## 21. 사랑

내가 세상에 온 것은
바로 이 때문이며
내가 십자가에서 죽은 것도
바로 이 때문이다.

사랑으로 동토의
세상을 녹여내어
다시 새로운 세상을
창조해내는 것.

내가 사랑에서 태어났고
내가 사랑으로 돌아가니
사랑이야 말로
내가 바칠 지상의 과제인 것.

사랑으로 삶을 완성하고
사랑으로 세상을 변화시켜
악한 자를 대적하지 않고
미움과 원한을 녹여버리는 것.

나도 용서받은 죄인이니
내가 무엇을 주장하겠는가?

그를 불쌍히 여기라.
그도 몰라서 그런 것이니…

너의 원수를
진정으로 이기는 것은
그를 사랑하여
그를 감동시키는 것이니…

하늘 아버지의
온전하심과 같이
우리도 사랑으로
온전해야 하는 것.

그것은 결과를 바라지 않고
오늘 사랑의 씨를 뿌리는 것이니
너희 하늘 아버지께서
갚아주실 것이라.

---

너희 원수를 사랑하며 너희를 박해하는 자를 위하여 기도하라.
Matthew 5:44

# 22. 선행

우리가 선을 베푸는 것은
우리가 받은 축복을 나누는
당연한 도리인 것이니
너희 앞에 나팔을 불지 말라.

숨을 쉰다고
사랑을 나눈다고
이것저것 늘어놓으며
자랑할 필요가 있겠는가?

짐승도 먹을 양만 먹는 것인데
자기 곳간에 쌓아놓고
형제를 외면하는 것은
금수만도 못한 것이리니…

자기 배만 두드리며
형제의 가난을 외면하고
배설물만 만들어내는 것은
무서운 저주를 받게 될 것이니…

얼마가지 않아
자기도 먹지 못하고

음식을 바라만 보며
회한 속에 사라질 것이니…

조용히 하라.
말없이 하라.
감사하며 하라.
당연하게 하라.

사람에게 보이려고
선을 행하는 것은
내 앞에 가증한 것이니
그것은 자신을 속이는 것이라.

천 마디 말보다도
한 번의 선행이 빛을 발하고
수없는 미사여구보다
진심어린 감사가 상급이 될 것이다.

사람에게 보이려고 그들 앞에서 너희 의를 행하지 않도록 주
의하라. 그리하지 아니하면 하늘에 계신 너희 아버지께 상을
받지 못하느니라. Matthew 6:1

# 23. 주기도

하늘의 영역에 계시고
모든 존재에 내재하시는
우리의 생명의 근원이시여!

당신의 생명의 이름이 거룩히 여김을 받으시오며
당신의 생명의 나라가 이 땅에 임하시오며
뜻이 하늘의 영역에서 이루어진 것 같이
땅에서도 이루어지기를 원하나이다.

당신의 생명의 이름을 사랑합니다.
당신의 생명의 이름을 높입니다.
당신께 영광을 돌립니다.
당신의 뜻을 따릅니다.

오늘 우리에게 필요한 일용할 양식을 주옵소서!
이 땅에 당장 먹을 것이 없어 굶주려 죽어가는 자가 없
게 하시며
권력과 부를 가진 자에 의해 억울함을 당하는 자가 없
게 하시고
가난에 밀려 의식주를 해결할 수 없어 떠도는 자가 없
게 하시며
기본적인 생존권도 없이 인간 이하의 비참한 삶을 사
는 자가 없게 하시고
일자리를 갖지 못하여 먹지 못하고 존재의 가치를 상
실하는 자가 없게 하시며
노동의 기본권을 가지지 못하고 인권을 유린당하는
자가 없게 하옵소서!

우리 소유의 경계표를 옮긴 것이 있다면
회개하여 원래대로 다시 돌려드리겠사오니
이렇게 우리의 모든 죄도 용서하여 주시고
우리의 언어와 마음과 행동으로 지은 모든 잘못도 사
하여 주옵소서!

우리를 물질적, 정신적, 도덕적, 윤리적 시험에 들지
않게 인도해주시고
우리가 종교적, 정치적, 사회적 우상에 빠지지 않게 도
와주시며
헛된 기복주의와 신비한 기적을 구하지 아니하고
눈에 보이는 화려한 명예를 탐하거나
세상의 권력에 굴하지 않게 하옵소서!

모든 나라와 권세와 영광이
오직 생명의 주인이신 당신께 있음을 고백하며

우리를 어둠의 땅에서 구원하시고 건져내기 위해
십자가에서 사랑을 완성하시고 죽음에서 부활하신
생명의 주님의 이름으로 기도드리나이다.

그러므로 그들을 본받지 말라. 구하기 전에 너희에게 있어야
할 것을 하나님 너희 아버지께서 아시느니라. Matthew 6:8

## 24. 금식

거룩한 금식은
탐진치에서 벗어나는
너 자신의 수행이며
삶의 완성을 위한 것이니

위선자들과 같이
너희 금식을 사람들에게 드러내려 하지 말라.
자신의 경건을 보이려고
금식하는 티를 내지 말라.

경건한 금식은
본능을 극복하고
욕망을 뛰어넘는
최고의 수행인 것이니

먹을 것이 많을 때는
탐식에서 벗어나야 하고
먹을 것이 없을 때는
걸식에서 벗어나야 하며

아플 때는 치유를 위해
피곤할 때는 회복을 위해

잠자기 전에는 숙면을 위해
아침 시간에는 해독을 위해

중요한 일을 앞에 두고는
하늘의 뜻을 이루기 위해
절박한 문제가 있을 때는
하늘의 도우심을 위해 금식하라.

네가 하늘로 돌아가기 전에는
너의 죽음을 금식으로 준비하라.
원래 빈 몸으로 왔은즉
빈 몸으로 돌아가야 할 것이니

어찌 금식이 힘든 일이며 괴로운 일이겠느냐?
금식은 네 안의 신을 만나는 가장 귀중한 시간이니
때를 따라 시간을 내어
기쁨으로 너의 뱃속을 비워야 할 것이라.

---

금식할 때에 너희는 외식하는 자들과 같이 슬픈 기색을 보이
지 말라. 그들은 금식하는 것을 사람에게 보이려고 얼굴을 흉
하게 하느니라. Matthew 6:16

## 25. 보물

나는 세상을
바라보지 않았다.
나는 언제나
하늘을 바라보았다.

나는 세상의 부를
탐하지 않았다.
나는 믿음의
부를 갈망했다.

나의 관심은
하늘의 보물이었다.
세상의 부귀공명은
나의 것이 아니었다.

세상의 소유는
나에겐 관심이 없었다.
그것은 필요에 따라
사용하면 되는 것이었다.

있으면 있는 대로
없으면 없는 대로

주어진 자리에서
최선을 다하는 것이었다.

삶의 의미란
나의 일용할 양식이었다.
희망이 없는 삶은
나에게 죽은 것이었다.

하늘의 영성은 공평한 것이었다.
누구나 같은 몫을 가진 것이었다.
누구나 갈고 닦으면
보석처럼 빛나는 것이었다.

네 보물 있는 곳에 네 마음도 있으며
한 사람이 두 주인을 섬기지 못하나니
영혼의 빛이 어두우면
그 어두움이 얼마나 심하겠느냐?

오직 너희를 위하여 보물을 하늘에 쌓아 두라. 거기는 좀과 동록이 해하지 못하며 도둑이 구멍을 뚫지도 못하고 도둑질도 못하느니라. Matthew 6:20

## 26. 먼저

이것이 그러하니
너 자신을 넘어서라.
너의 삶의 영역을
하늘까지 넓히라.

너의 경계를 넘어서라.
육신의 한계에 갇히지 말고
너의 영혼으로 하여금
더 넓은 세계로 나아가게 하라.

너의 가족과 부족을 넘어서라.
미움과 배타를 버리고
너의 마음을 열어
생명과 하나가 되라.

너의 종파를 넘어서라.
태생과 운명을 넘어
모든 생명체와
연결되도록 하라.

그리하여 마침내
너를 동굴에 밀어 넣는

모든 우상을 넘어서라.
자유의 바람이 되라.

네 마음을 살피라.
육신의 욕망보다
마음의 흐름에
주의하라.

영성을 수행하라.
생명의 몸에서
생명의 의지가 나오게 되니
항상 최상의 상태를 유지하라.

너의 본능을 따르지 말고
먼저 하늘의 뜻을 구하라.
너의 삶에서 하늘의 빛이
흘러 나오게 하라.

---

그런즉 너희는 먼저 그의 나라와 그의 의를 구하라. 그리하면
이 모든 것을 너희에게 더하시리라. Matthew 6:33

## 27. 비판

말이 필요가 없었다.
삶으로 이야기할 뿐이었다.
내가 존재하는 것 그 자체가
그들에겐 하나의 도전이었다.

그들에겐 혈통이 따로 있었다.
그들은 자기들만의 가문을 형성하고 싶어 했다.
그들은 자기들이 모든 것을 독점하기를 원했다.
하나라도 나누어주기 싫은 것이다.

그들은 자기들이 특별하기를 원했다.
남들 위에 높이 올라서고 싶어 했다.
자신을 드러내서 자랑하고 싶었다.
천년의 견고한 성을 쌓고 싶었다.

그러나 그들은 그것을 알지 못했다.
언젠가 벌레는 나비가 되어야 한다는 것.
어느 날 자유의 세계로 날아올라야 된다는 것.
그렇지 않으면 죽은 번데기로 남게 된다는 것.

그것은 자멸의 길이었다.
그렇게 같이 죽어가는 것이었다.

나는 진정 그들을 일으켜 주고 싶었다.
그들에게 하늘의 뜻을 알려주고 싶었다.

그러나 그들은 거룩한 것을 알지 못했다.
진주를 돼지 앞에 던지면 어떻게 되겠는가?
오히려 돌아서 그것을 짓밟고
찢어 상하게 할 뿐이다.

미움으로 욕하는 것은
싸움에 말려들게 된다.
고요히 나의 길을 걸어가며
하늘의 때를 기다리는 것이다.

오직 수행의 길을 걸어가며
하늘의 뜻을 따르는 것이다.
마음을 하나로 모아
진리를 추구하는 것이다.

---

거룩한 것을 개에게 주지 말며 너희 진주를 돼지 앞에 던지지
말라. Matthew 7:6

## 28. 구도

앉아서 기도만 하지 말고
일어나 정의의 길을 걸으라.
엎드려 빌기만 하지 말고
하늘의 뜻을 따르라.

깨달음의 진리를 구하라.
생각하고 명상하라.
하늘에서 들려오는 소리에
귀를 기울이라.

너는 어디에서 왔는가?
너는 무엇을 구하는가?
깊은 자리에 들어가
영성의 생수를 퍼 올리라.

믿기만 하지 말고
너의 삶에 적용하라.
마음의 눈을 뜨고
진리로 들어오라.

하늘의 마음을 찾으라.
언제나 신비를 간직하라.

푸른 창공으로 날아올라
무한의 세계에 도달하라.

구걸의 문이 아닌
구도의 문을 두드리라.
남이 가지 않는
새로운 길로 가라.

그러나 최선의 구도는
끝까지 사랑을 베푸는 것이니
그것이 하늘의 문을 여는
은혜의 법칙인 것.

너희가 받고 싶은 그대로
이웃에게 복을 베풀라.
이것이 모든 율법과
선지자의 강령인 것이니…

---

구하라 그리하면 너희에게 주실 것이요 찾으라 그리하면 찾아
낼 것이요 문을 두드리라 그리하면 너희에게 열릴 것이니라.

Matthew 7:7

## 29. 좁은 문

사람들은 큰 길을 따라
걷고 있었다.
자손들에게 넓은 길을
물려주고 싶어 했다.

그러나 그것이
생명의 길이겠는가?
쉽게 얻어지는 것은
쉽게 사라지는 것이다.

난 언제나
힘든 곳을 택했다.
그것이 내가 그 바닥에서 살아남을 수 있는
유일한 길이었다.

내가 거기에서
무엇을 할 수 있었겠는가?
그것은 내가 하늘의 뜻을 따를 수 있는
마지막 기회였다.

가난한 자와 함께하는 것.
버려진 자들을 끌어안는 것.

그것은 아무나 할 수 없는 일이었다.
그것은 그들에게서 희망을 찾는 일이었다.

아무도 들어가려 하지 않는
그 문으로 들어간다.
그 길은 위대함과
통하게 될 것이다.

위대함이 아니라도 좋다.
다만 역사에 눈을 감지 않고
그냥 그 곁에서
기도만 드려도 좋다.

그리고 어둠 속에서
눈을 반짝이며
나의 하늘을 기다리는 것이다.
그가 어디로 올 것인지?

---

좁은 문으로 들어가라. 멸망으로 인도하는 문은 크고 그 길이
넓어 그리로 들어가는 자가 많고. Matthew 7:13

## 30. 거짓

톡톡 튀지 말라.
중용의 길을 가라.
군자는 대로행이다.
편한 것이 좋은 것이다.

적당히 해라.
앞장서지 말라.
모난 돌이 정을 맞는다.
못생긴 나무가 자리를 지킨다.

보기에 좋은 것이
먹기에도 좋은 법.
누이 좋고 매부 좋고
기왕이면 다홍치마다.

종자는 어쩔 수 없다.
물고기는 물에서 살아야 하고
송충이는 솔잎을 먹어야 한다.
올라가지 못할 나무는 쳐다보지도 말라.

먹는 게 남는 것이다.
금강산도 식후경이고

먹고 죽은 귀신이 때깔도 좋다.
수염이 석자라도 먹어야 양반이다.

하면 된다.
믿기만 하면
기도만 하면
부르기만 하면

능치 못할 일이 없다.
성령만 받으면
충성만 다하면
능력만 받으면

만사가 형통한다.
하나님이 우리 편이다.
하나님이 가로막았다.
하나님이 저주하실 것이다.

---

거짓 선지자들을 삼가라. 양의 옷을 입고 너희에게 나아오나
속에는 노략질하는 이리라. Matthew 7:15

# 2 장

당신입니까?

# 31. 지혜로운 사람

나는 새로운 집을 짓고 싶었다.
거짓의 집을 허물고
진리의 집을 세우는
기초를 닦고 싶었다.

그것은 우리 모두의
꿈이지 않는가?
그러나 그들은
그것을 원하지 않았다.

그렇게 하기 위해서는
먼저 자기의 집을 무너뜨려야 했다.
그것은 삶을 바꾸는 길이었다.
자기의 소유를 버려야 했다.

그것이 그렇게 쉬운 것이겠는가?
그것은 한 시대의 축을 뒤흔드는 일이었다.
그것은 천지개벽의 피를 요구하는 일이었다.
그래서 나는 십자가를 질 수밖에 없었다.

적어도 우리가 살아갈 집은
진검의 날선 검증을 거친

진리 위에 지어져야 했다.
말은 실천으로 증명되어야 했다.

해 보았는가?
확실한 증거가 있는가?
너 자신의 환상이 아닌
너의 삶에서 열매를 맺었는가?

그것은 한 시절로 끝나는 것이 아닌
오랜 수행으로 지속되어야 한다.
생각 속에서 끝나는 거짓 확신이 아닌
시험과 연단의 과정을 견뎌내야 한다.

먼지처럼 사라지는 욕망의 불꽃을 꺼버리고
영성의 정상을 향해 올라가는
성화의 길을 걸어야 한다.
그것이 바로 참 지혜의 길인 것이다.

---

그러므로 누구든지 나의 이 말을 듣고 행하는 자는 그 집을 반
석위에 지은 지혜로운 사람 같으리니. Matthew 7:24

## 32. 깨끗함을 받으라

수많은 사람들이 찾아왔다.
사람들은 길을 찾고 있었다.
그들은 앞을 보지 못하고 있었다.
캄캄한 암흑이 그들을 덮고 있었다.

그것이 문제였다.
그것이 그들을 그렇게 만들었다.
그것이 그들의 마음을 덮고 있었다.
사람들은 자기들의 죄를 씻고 싶어 했다.

아무도 그들의 눈을 열어주지 못했다.
아무도 그들의 마음을 씻어주지 못했다.
죄란 괴물이 그들을 내리누르고 있었다.
죄가 무엇인가?

그것이 사람들을 더럽게 만들고 있었다.
그들은 썩어 들어가고 있었다.
아픔을 모르는 무지의 생각.
하늘의 뜻을 찾지 않는 무감각.

그들은 엎드려 복을 빌고 있었다.
위에 서 있는 자들은

그들을 속이고 있었다.
똑같이 죽어가고 있었다.

그러나 그 어둠을 뚫고
진리로 나아오는 자들은
하늘의 길을 볼 수 있었다.
나를 깨끗케 하실 수 있나이다.

내가 원하노니
깨끗함을 받으라.
깨끗한 삶을 살라.
깨끗한 생각을 하라.

말씀이 선포되고 어둠이 물러가자
진리가 밝혀지고 치유가 일어났다.
다시는 죄를 범하지 말라.
생명의 길을 걸어가라.

예수께서 손을 내밀어 그에게 대시며 내가 원하노니 깨끗함을
받으라 하시니 즉시 그의 나병이 깨끗하여진지라. Matthew 8:3

## 33. 믿은 대로

그는 사랑으로 가득 찬
눈빛을 가지고 있었다.
그는 허공에 흩어지는
말의 유희를 간파했다.

생명의 주여, 다만
말씀으로만 하옵소서!
그러면 내 하인이
낫겠습니다.

나도 말을 하고 있고
사람들도 말을 하는데
깨달은 자의 말은
얼마나 위대하겠습니까?

나는 지금까지 그만한 믿음을
만나본 적이 없었다.
그는 말의 실체를
알고 있었다.

나는 새로운 역사를 쓰고 싶었다.
나는 이런 사람이 필요했다.

나에게 믿음의 사람을 달라.
사흘 만에 역사를 일으키리라.

말은 위대한 것이다.
말은 하는 대로 되는 것이다.
그가 하는 말을 살펴보라.
그의 정체를 알 수 있을 것이다.

말에 삶을 실으라.
말을 행동으로 증명하라.
말씀이 육신이 되어
너희 가운데 거하게 하라.

너의 마음을 모아
사랑의 파동이 흘러가게 하라.
너의 가슴에 간직했던
그 말을 살아가라.

---

예수께서 백부장에게 이르시되 가라 네 믿은 대로 될지어다
하시니 그 즉시 하인이 나으니라. Matthew 8:13

# 34. 치유

생명을 감싸안는
마음이 필요했다.
삶에 지친 군상들은
그것을 기다리고 있었다.

그 여인은 죽은 듯
자리에 누워있었다.
아무런 움직임도 없었다.
어디에도 희망은 보이지 않았다.

머리에 걸린 뜨거운 태양은
그의 영혼까지 태워버렸다.
더위에 덮인 사막은
풀잎까지도 살라버렸다.

초록이 없는 세상은
살아갈 희망이 없었다.
마지막 의미를 빼앗아 가면
무엇으로 살아갈 수가 있겠는가?

그것이 그들의 계책이었다.
한 조각 희망까지 태워버리는 것.

희망이 조금이라도 남아있으면
사람들은 무언가를 꿈꾸게 될 것이다.

거기에서 내가 할 일이 무엇이 있겠는가?
나는 그 여인의 손을 잡았다.
마른 갈퀴 같은 검은 손목이
거기에 있었다.

일어나라,
생명의 여인이여!
나와 같이 힘을 합해
하늘의 역사를 일으켜보자.

어둠의 그늘을 벗겨내어
희망의 빛을 비추어 보자.
절망의 눈물을 씻겨내어
생명의 기운이 흐르게 하자.

그의 손을 만지시니 열병이 떠나가고 여인이 일어나서 예수께
수종들더라. Matthew 8:15

# 35. 나를 따르라

항상 그렇지 않든가?
썩은 시체가 있는 곳에
굶주린 새들이 모여드는 것.
사람들이 새카맣게 몰려들었다.

한 조각의 빵부스러기를 찾아
등 따신 순간의 안락을 위해
꼬리를 무는 소문을 따라
그들은 머리를 쳐 박았다.

건너편으로 가야 한다.
이곳을 떠나
뜻이 있는 자들이
함께 모여야 한다.

무엇을 얻으려고
나를 따라오느냐?
내가 마시는 잔을
너희가 마실 수 있느냐?

무엇을 구하느냐?
여우도 굴이 있고

공중의 새도 거처가 있지만
나는 머리 둘 곳도 없다.

그러기에 이처럼
자유이지 않느냐?
너희가 이런 삶을
살아낼 수가 있겠느냐?

생명의 역사를 시작해야 한다.
생명의 나라를 건설해야 한다.
정의가 강물처럼 흐르게 하고
공의가 봇물로 터지게 해야 한다.

너희 산자들아!
무덤에서 나오라.
너희는 나와 함께
하늘의 뜻을 이루어야 한다.

예수께서 이르시되 죽은 자들이 그들의 죽은 자들을 장사하게
하고 너는 나를 따르라 하시니라. Matthew 8:22

## 36. 순종

배에 올랐다.
그들이 따라왔다.
생명의 역사를 이루기 위해
나와 함께하겠다는 것이다.

우리는 새로운 땅에서
역사를 시작해야 한다.
좁은 길을 걸어가야 한다.
죽음의 길을 통과해야 한다.

수많은 어려움이 있을 것이다.
손가락질을 당할 것이다.
감옥에도 들어가야 하고
십자가도 져야 할 것이다.

거대한 호수 갈릴리에는
때로 거친 풍랑이 일어났다.
우리가 타고 가는 배에도
큰 물결이 밀어 닥쳤다.

그들은 아우성을 쳤다.
주여, 일어나소서!

우리를 구원하소서!
우리가 죽게 되었나이다.

그렇다면 이런 어려움을 생각하지 않았단 말이냐?
죽음을 두려워하는 자들과 무슨 일을 할 수 있겠느냐?
그들은 아직 준비가 되지 않았던 것이다.
위협은 두려워하는 자들에게만 찾아온다.

죽음은 삶을 완성하는 것이다.
죽음은 하늘로 돌아가는 것이다.
죽음은 초월의 세계로 올라가는 것이다.
죽음은 또 다른 차원의 삶을 시작하는 것이다.

잠잠하라.
무서워 말라.
죽음의 바다를 건너
생명의 땅으로 나아가자.

# 37. 어둠의 영

어둠의 영이
거리를 헤매고 있었다.
삼킬 자를 찾고 있었다.
먹을 만한 것이 어디에 있는가?

그들은 자기와 같은 자들을 찾고 있었다.
욕심이 가득한 자.
마음이 허망한 자.
세상의 허상을 쫓아가는 자.

이루지 못한 욕망은
가슴에 한을 남긴다.
그 한은 마음에 들어와
그의 영혼을 파괴한다.

그들은 어둠에 사로잡혀 있었다.
미움과 원한이 그들을 정복했다.
사람은 미워하는 그것을 닮아간다.
아무도 그 길로 지나가지 못했다.

그들은 그곳에 머물기를 원했다.
다시 시작하는 것은 쉬운 것이 아니다.

육신을 쳐서 성령에 복종치 않으면
인간은 한없이 사악해질 수 있다.

숫자를 세어라.
높이 높이 올라가라.
욕망이란 끝이 없는 것.
그곳에 어둠의 영이 찾아온다.

우리를 떠나소서!
우리는 이것을 원합니다.
아직 때가 되지 않았나이다.
차라리 돼지 떼와 같이 죽겠나이다.

불이 꺼지면
어둠이 찾아오니
너의 영혼에 불을 밝히라.
어둠의 영이 틈타지 못하게 하라.

---

하나님의 아들이여, 우리가 당신과 무슨 상관이 있나이까?
때가 이르기 전에 우리를 괴롭게 하려고 여기 오셨나이까?
Matthew 8:29

# 38. 안심하라

그들은 그것을
모르고 있었다.
땅에서 살아가면서
땅과 유리된 사람들.

땅은 생명이고
땅은 살아있다.
살아있는 땅만이
진정한 땅인 것이다.

땅에서 왔다가
땅으로 돌아가는데
어찌 하늘만 바라보며
헛된 꿈에 젖어있는가?

땅에 속한 자야,
마음을 놓으라.
마음을 평안케 하라.
네 죄 사함을 받았느니라.

마음에서 병이 오고
마음에서 죄가 오는 것.

누가 너에게 죄를
묻고 있는 것이더냐?

내가 세상에서 죄를 사하는
권세가 있는 줄을 알지 못하느냐?
일어나 네 침상을 가지고 집으로 가라.
너의 사명을 감당하라.

너를 창조하신 생명의 주께
너의 할 수 있는 영광을 돌리라.
죄의 길에서 벗어나
생명의 길을 걸으라.

힘을 합하라.
거짓에 속지 말라.
너의 땅을 든든히 딛고 일어서
생명의 역사를 이루어가라.

예수께서 그들의 믿음을 보시고 중풍병자에게 이르시되 작은
자야, 안심하라. 네 죄 사함을 받았느니라. Matthew 9:2

## 39. 죄인

나는 그들이 필요하다.
가난의 영성을 가진 자들.
변화와 혁명을 꿈꾸는 자들.
새로운 시대를 기다리는 자들.

가진 자들은 그것을 원하지 않는다.
그들은 언제까지 현실을 지키고 싶어 한다.
천년만년 가진 기득권을 유지하고 싶어 한다.
자유를 말하는 자들은 그들을 위협하는 자들이다.

그들은 역사의 수레바퀴를 돌리고 싶어 하지 않는다.
그들은 역사의 진보를 가로막는 암적인 존재들이다.
그들은 자기들도 천국에 들어가지 않을 뿐 아니라
남들까지도 들어가지 못하게 하는 물귀신들이다.

그들 앞에
지성은 회색이고
진보는 반역이며
희망은 역병이다.

타협과 중용은 그들의 무기이고
순종과 온유는 그들의 술책이며

그들의 학교는 영혼 없는
인간을 찍어내는 공장이다.

건강한 자에게는
의사가 쓸 데가 없는 것.
나는 의인이 아니라
죄인을 위해서 왔다.

적어도 그들에게는
자기의 실상을 파악하고
가슴을 치며 하늘을 향하는
생명의 역동이 남아 있는 것.

그는 기름진 제물을 원하지 않으신다.
그는 창백한 얼굴로 현실을 고뇌하며
생명에 대한 사랑과 긍휼을 가지고
자기를 부르는 자들을 찾는 것이다.

---

너희는 가서 내가 긍휼을 원하고 제사를 원하지 아니하노라
하신 뜻이 무엇인지 배우라. 나는 의인을 부르러 온 것이 아니
라 죄인을 부르러 왔노라. Matthew 9:13

# 40. 새 포도주

슬퍼하지 말라.
괴로워하지 말라.
날마다 천국이요
매일이 은혜로다.

너희가 가슴을 침으로
하늘은 열리지 않고
너희가 피를 흘림으로
죄는 씻어지지 않는다.

하늘의 은혜가 아니라면
한순간도 살아갈 수가 없는 법.
사는 것이 축복이요
숨 쉬는 것이 신비로다.

마음의 눈이 열리면
영원이 보이게 되고
영혼의 귀가 열리면
천지가 뚫리게 된다.

생베 조각을
낡은 옷에 붙이는 자가 없으니

기운 것이 그 옷을 당기어
헤어짐이 더하게 된다.

기쁨의 복음은 새 부대에 담아야 한다.
깨달음의 복음을 옛 부대에 담을 수 있겠는가?
낡은 부대는 생명의 복음을 감당할 수가 없다.
언제까지 옛 시대에 머물고 있겠느냐?

준비한 그릇 만큼 채워지는 것.
새 그릇이 되라.
큰 그릇이 되라.
하늘을 담을 수 있는 그릇이 되라.

너의 그릇에
하늘의 생명을 담으라.
말씀에 생명을 부여하라.
너를 통해 생명의 역사가 일어나게 하라.

새 포도주를 낡은 가죽부대에 넣지 아니하나니 그렇게 하면
부대가 터져 포도주도 쏟아지고 부대도 버리게 됨이라. 새 포
도주는 새 부대에 넣어야 둘이 다 보전되느니라. Matthew 9:17

# 41. 제 마음

여인의 아픔이
마음에 느껴졌다.
간절한 호소의 눈망울이
내 가슴을 찔렀다.

아무도 돌아보지 않는
세월이 흘렀다.
수많은 시간들을
보내야 했다.

나는 무언가를 해야만 했다.
무슨 일이라도 일으켜야 했다.
마른 수건이라도 쥐어짜
비를 내려야 했다.

아무것도 할 수 없는 절망의 순간에
처절한 걸음을 내디뎠다.
그것이 하늘의 구름을 걷어 올려
천둥을 울리게 했다.

믿음으로 여인은
옷자락을 만졌다.

남아있는 마지막 소원은
그것을 붙잡는 것이었다.

그때 생명의 기운이
나를 통해 흘러갔다.
서로를 바라보는 눈 속에서
불꽃이 일어났다.

생명의 여인이여!
네 믿음이 너를 고쳤고
너의 기도가
너를 구원하였도다.

그 여인의 얼굴에 환희가 번졌다.
이제 질병이 문제가 아니었다.
구원을 넘어 자신을 바칠
하늘의 뜻이 내려왔다.

---

이는 제 마음에 그 겉옷만 만져도 구원을 받겠다 함이라.
Matthew 9:21

# 42. 연민

그는 거기에 앉아있었다.
보이지 않는 눈으로
빈 깡통을 앞에 놓고
떨어지는 동전을 기다리고 있었다.

그는 가진 자들의
전시물이었다.
너희가 복종하지 않으면
이렇게 되는 것이다.

여기를 떠나야 한다.
새로운 곳으로 나가야 한다.
머무르면 죽는 것이다.
더 이상 손을 벌리지 말라.

자리를 펴고 앉으면
먹고는 살아가겠지.
눈이 보이지 않으니
동정은 받을 수 있을 것이다.

그러나 그렇게 살아서
무슨 의미가 있겠느냐?

이렇게 목숨을 유지한들
무엇을 이룰 수 있겠느냐?

눈을 뜨라.
하늘을 바라보라.
보지 못하는 것을
부끄럽게 생각하라.

너의 자리에 앉아
영혼의 귀를 열라.
들을 수 없는 것을
수치로 여기라.

자리에서 일어나라.
너희 믿음대로 되라.
새로운 땅으로 나아가라.
내가 너희와 함께할 것이다.

예수께서 거기에서 떠나가실새 두 맹인이 따라오며 소리 질러
이르되 다윗의 자손이여, 우리를 불쌍히 여기소서! Matthew 9:27

# 43. 미 출(mute)

말은 많은데
진언은 없다.
말은 하는데
진실은 없다.

그렇기에 차라리
침묵으로 들어간다.
나를 변호하지 않는다.
변명을 늘어놓지 않는다.

세상을 바라보며
웃음을 흘린다.
무슨 말을 한다는 것이
어리석은 짓이다.

이런 세상이다.
어떤 말을 할
의미가 없다.
아무런 의지가 없다.

허풍과 거짓이
산을 이룬다.

빈말들이 허공을
날라 다닌다.

태어나지도 않았고
깨달음도 없으니
공포에 사로잡혀
할 말이 없다.

하늘을 보면
하늘을 말하고
깨달음을 얻으면
천지가 열릴 것인데

힘쓰고 애써서
말할 필요가 없다.
마음에 가득한 것이
입으로 나오는 법.

---

귀신이 쫓겨나고 말 못하는 사람이 말하거늘 이스라엘 가운데
서 이런 일을 본적이 없도다. Matthew 9:33

# 44. 무목(無牧)


목자가 없다.
자신을 불태워
세상을 밝혀줄
거룩한 뜻이 없다.

사람들은 제 목구멍만
생각하고 있다.
목숨이 아까워
어둠에 몸을 숨기고 있다.

무엇이 그렇게 두려운가?
그들은 지킬 것이 너무 많다.
너무 많이 가진 자들은
세상을 버릴 수가 없다.

눈을 가린다.
입을 막는다.
진실을 말하지 않는 자들은
죄악의 방조자들이다.

하늘로 향하는
영광을 가로채고

자기의 우상 앞에
엎드리게 한다.

생명의 가르침을 펴지 않고
하늘의 진리를 전하지 않는다.
자신을 던져 제물이 되지 않음은
자기의 배만을 키우는 것이다.

추수할 것은 많은데
일꾼은 적으니
생명의 목자를 보내소서!
이 백성의 희망이 사라졌나이다.

나는 내가 갈 길을 안다.
나는 내가 할 일을 안다.
시대의 요청을 간파한다.
깨어있는 정신은 결코 죽지 않는다.

---

무리를 보시고 불쌍히 여기시니 이는 그들이 목자 없는 양과
같이 고생하며 기진함이라. Matthew 9:36

# 45. 권능

너희는
하늘 뜻을 받드는
하늘의 사람들이니
너희를 세상에 보내노라.

허상의 실체를 알고
진리의 실상을 보았으니
생명의 역사를
이루어 가라.

네 앞에 펼쳐진
메마른 광야로 나아가
하늘의 공동체를 세우라.
생명의 강이 흐르게 하라.

두려움은 공포를 부르고
어두움은 무지를 불러오니
진리의 불을 밝히라.
생명이 살아나게 하라.

나무도 공을 들이면
영험이 생기는 것.

엎드리는 그것을
닮아가게 된다.

진리를 알면
어둠은 사라지고
진리가 너희를
자유케 할 것이니…

내가 너희를 부름은
그의 나라를 위함이라.
하늘의 권위를
너희에게 주리라.

모든 어둠을 물리치는
권능을 주노니
너희가 가는 곳마다
살림의 역사를 일으키라.

예수께서 그의 열두 제자를 부르사 더러운 귀신을 쫓아내며
모든 병과 모든 약한 것을 고치는 권능을 주시니라. Matthew
10:1

# 46. 잃어버린 양

갈 곳을 알지 못해
세상을 찾아 헤매는
영혼들의 탄식이
들려온다.

눈앞에 펼쳐지는
참상을 보라.
그들의 애처로운 신음이
광야를 떠돌고 있다.

여기까지 찾아왔으니
이제 너의 발을 멈추고
하늘의 소리에
귀를 기울이라.

거짓에 속지 말고
너희의 몸으로
하늘의 평화를
이루어 가라.

우리는 어디까지
걸어야 하는 걸까?

갈 길은 멀고
끝은 보이지 않는다.

그만, 욕망을 멈추고
생명의 기도를 시작하라.
거저 받았으니
거저 나누라.

목자는 사라지고
갈 길은 보이지 않고
길을 잃은 양 떼는
슬프게 울어댄다.

영혼을 찾으라.
멀리 가지 말고
너희가 살아가는
거기에서 시작하라.

---

오히려 이스라엘 집의 잃어버린 양에게로 가라. Matthew 10:6

# 47. 끝까지 견디는 자

때가 되었도다.
세상으로 나아가라.
모든 준비가 끝났도다.
생명의 나라를 시작하라.

너희가 희망이다.
내가 너희를 세상에 보냄은
양을 이리 가운데로
보냄과 같도다.

사람을 주의하라.
그들을 믿지 말고
그들을 의지하지 말라.
그들에게 희망을 걸지 말라.

그들은 그저
너의 사랑이 필요한
욕망의 진흙덩이에 불과하니
그들에게 생명의 영을 전하라.

뱀같이 지혜롭게 처신하고
비둘기같이 순결하게 살아가라.

악한 올무에 걸리지 말고
헛된 욕심에 빠지지 말라.

무엇을 말할까 염려하지 말라.
내가 너희에게 할 말을 주리라.
생명, 그 자체에만
온전히 집중하라.

세상이 너희를
죽는 데에 내어주며
너희를 대적하여
절망에 빠지게 하리라.

그러나 너희가 죽으면
세상의 희망이 사라지리니
끝까지 그 희망을 지켜내라.
나의 희망이 바로 너희로다.

---

너희가 내 이름으로 말미암아 모든 사람에게 미움을 받을 것
이나 끝까지 견디는 자는 구원을 얻으리라. Matthew 10:22

# 48. 숨은 것

목소리를 높이는 것은
위협을 느낀다는 것이다.
큰 소리를 치는 것은
자신이 없다는 것이다.

믿음의 사람은
소리를 높이지 않는다.
다만 조용히 자기의 믿음을
살아가는 것이다.

확신의 사람은
소리를 지르지 않는다.
진실의 눈빛으로
결과를 나타낸다.

진리는 강조할 필요가 없다.
언젠가 저절로 드러나게 되는 것.
진리 위에 서있는 사람은
결코 흔들리지 않는다.

무엇이 두려운가?
잃을 것이 그렇게 많은가?

무엇이 아쉬운가?
목숨이 그렇게 아까운가?

몸은 죽여도
그 영혼은 죽일 수 없으니
몸과 영혼이 함께 멸하게
되는 것을 두려워하라.

감추인 것이
드러나지 않을 것이 없고
숨은 것이
알려지지 않을 것이 없으니

은밀히 받은 것을
밝은 데서 말하며
귓속말로 듣는 것을
집 위에서 선포하라.

---

그런즉 그들을 두려워하지 말라. 감추인 것이 드러나지 않을 것이 없고 숨은 것이 알려지지 않을 것이 없느니라. Matthew 10:26

# 49. 합당

마음속에서
쟁투가 일어난다.
보이는 평화는
보이지 않는 투쟁에서 주어진다.

남과의 싸움에서는
칼을 거두어야 하겠지만
자신과의 싸움에서는
피를 흘려야 한다.

우린 날 서린 칼 위에서
흔들리며 살아간다.
순간 마음을 놓으면
천 길로 떨어진다.

그러한 삶속에서
날마다 살아가니
전쟁터의 한가운데에
홀로 서있다.

깨어 있으라.
자신을 돌아보라.

마음의 흐름을 살피라.
감정의 격동을 멈추라.

수많은 유성들이
밤하늘에 떨어지듯
일어났다 사라지는
삶의 궤적들이 있다.

내가 온 것은
마음의 화평이 아니요
시퍼렇게 날 서린 수행의 칼이니
내 칼을 받아라!

날마다 너의 십자가를 지고
나를 따르라.
목숨이 아까운 자는 잃을 것이요
목숨을 버리는 자는 영원을 얻으리라.

자기 십자가를 지고 나를 따르지 않는 자는 내게 합당하지 아
니하니라. Matthew 10:38

# 50. 작은 자

내가 보이느냐?
그들 가운데 있다.
내가 그들을 보냈다.
나는 그들과 함께한다.

마음이 가난한 자들.
사랑에 외로운 자들.
내 마음은 언제나
그들을 향해 있다.

그들과 함께하는 것은
나와 함께하는 것이요,
나를 보내신 이와
함께하는 것이다.

다 선지자인가?
다 운동가인가?
주어진 자리에서
생명을 사랑하라.

선지자와 함께하는 자는
선지자의 상을 받을 것이요

의인과 함께하는 자는
의인의 상을 받으리라.

생명의 이름으로
작은 자를 사랑하라.
물 한 그릇도
헛되지 않으리라.

작은 씨앗이
수풀을 이루듯
처음에는 누구나
작은 것에서 시작한다.

마음을 닫지 말고
너의 사랑을 나누라.
생명을 사랑하는 거기에서
하늘은 열리게 될 것이다.

---

누구든지 제자의 이름으로 이 작은 자 중 하나에게 냉수 한 그
릇이라도 주는 자는 그 사람이 결단코 상을 잃지 아니하리라.
Matthew 10:42

## 51. 당신입니까

절망의 시대 속에서
끝까지 눈을 부릅뜨며
그토록 기다려왔던
당신이 그 희망입니까?

무거운 쇠사슬에 묶여
노예의 합창을 부르며
죽음의 광야를 걸었던
당신이 그 의지입니까?

무지와 탐욕은
오늘도 우리를 내리누르고
사람들은 동굴의 우상에 갇혀
하나둘 빛을 잃어가고 있습니다.

우리는 언제까지
이렇게 기다려야 하는 것입니까?
너무나 기다리다 체념으로 변하면
우리는 더 이상 서 있을 수도 없습니다.

기다림에 끝이 없다면
우리의 기다림은

무엇을 남길 수 있겠습니까?
그것은 처음부터 없었던 것입니다.

언제 우리는 영혼의 눈을 뜨게 되며
언제 우리는 진리의 길을
걸을 수가 있을까요?
당신이 답을 주셔야 합니다.

아무도 우리를 찾아오지 않습니다.
아무도 하늘을 바라보지 않습니다.
우리는 당신의 소리를 듣지 못하고
무덤 속에서 살아가고 있습니다.

우리는 더 이상
기다릴 수가 없습니다.
이제 마지막이 되었습니다.
당신의 역사를 보여주십시오.

---

오실 그이가 당신이오니이까? 우리가 다른 이를 기다리오리이
까? Matthew 11:3

## 52. 내게 오라

내가 가는 길은
세상과는 다른 길이었다.
세상의 지혜로는
그 길을 알 수가 없었다.

그것은 감추어진 길이었다.
유명한 자들에게는 숨기시고
어린아이들에게는 나타내신
신비의 길이었다.

세상 것으로 가득 찬 자들은
결코 그 길을 갈 수가 없었다.
사람은 자기가 아는 길만을
걸어갈 수가 있는 것이다.

그것이 아버지의 뜻이었다.
아버지께서는 모든 것을 아들에게 주셨고
아버지의 계시를 받은 자 외에는
아버지의 뜻을 아는 자가 없었다.

그들이 가는 길은
아버지와는 관계가 없었다.

그들은 다만
자기의 길을 갈 뿐이었다.

이제 그만
너의 길을 떠나서
나의 길로 나오라.
영원한 쉼을 얻으리라.

나는 마음이
온유하고 겸손하니
내가 항상 너희와 함께할 것이니
내게로 와서 나의 길을 배우라.

아무것도 염려하지 말고
있는 그대로 나오라.
내 멍에는 쉽고 내 짐은 가벼움이라.
진정한 자유와 평안을 얻으리라.

---

수고하고 무거운 짐 진 자들아, 다 내게로 오라. 내가 너희를
쉬게 하리라. Matthew 11:28

# 53. 안식일의 주인

세상의 모든 시간은
나에게 주신 것이다.
나에게 주신 시간은
내가 사용하는 것이다.

안식일에 할 수 있는 일과
할 수 없는 일이 있었던가?
그것은 내가 시간의 주인임을
고백하는 것이다.

나는 안식일의 주인이고
내가 성전보다 더 크니
누가 나를 막을 것이며
누가 나를 정죄할 것인가?

그것은 내가 시간의 노예가 아니라
다른 이가 나의 시간을 주장할 수 없으며
내가 내 시간의 주인이라는 것을
선포하는 것이다.

그러니 내가 무엇인들
할 수가 없겠는가?

누가 감히 나를
막을 수가 있겠는가?

나는 나의 시간을 지키기 위해
결코 무릎을 꿇을 수가 없었다.
시간을 빼앗기면
생명을 빼앗기는 것이다.

항상 내 시간의
주인으로 살아야 한다.
언제나 내 시간을
경영해야 한다.

내 시간을 결코
남에게 맡길 수가 없는 것.
그것은 시간의 창조자를
부정하는 것이리라.

## 54. 손을 내밀라

움츠러들지 말라.
뒤로 물러서지 말라.
사람이 한 번 죽는 것이지
두 번 죽는 것이더냐?

한 번을 살더라도
당당히 살아야지.
하늘을 바라보며
눈을 뜨고 살아야지.

네 손을 펴라.
하늘을 향하여
두 팔을 벌리라.
너의 창조자께 기도를 올리라.

입을 열어
소리를 지르라.
진실을 선포하여
불의를 드러내라.

할 수 있는 한,
선을 행하고

가진 자들 앞에
무릎을 꿇지 말라.

보라,
내가 택한 종.
내 마음에 기뻐하는 자.
내가 진심으로 사랑하는 자로다.

내가 내 영을 그에게 줄 터이니
그가 심판을 세상에 알게 하리라.
그는 다투거나 소리를 높이지 아니하니
아무도 길에서 그 소리를 듣지 못하리라.

그는 상한 갈대를 꺾지 아니하며
꺼져 가는 심지를 끄지 아니하기를
심판하여 이길 때까지 하리니
세상이 그의 이름을 바라게 되리라.

이에 그 사람에게 이르시되 손을 내밀라 하시니 그가 내밀매
다른 손과 같이 회복되어 성하더라. Matthew 12:13

## 55. 생명의 영

너의 눈을 떠
하늘을 바라보라.
너의 입을 열어
진실을 증거하라.

어디서 바람이 불어와
어디로 가고 있는 것이더냐?
네가 살고 있는 이 시대는
어디로 흘러가고 있느냐?

하늘의 구름은 바라보고
불어오는 바람은 살피면서
시대의 역사는
분별치 못하느냐?

분쟁하는 나라마다
황폐하여질 것이요
갈라지는 집마다
서지 못하리라.

사탄이 사탄을 쫓아낼 수 없고
불의가 불의를 재판할 수 없듯이

성령을 힘입어 어둠을 물리치는 것이면
그 나라가 이미 너희에게 임한 것이리라.

거룩한 영의 역사를
거역하지 말라.
생명의 역사를
손상시키지 말라.

사람에 대한 죄와 모독은
사하심을 입을 수 있지만
생명의 영을 모독하는 것은
사하심을 얻지 못하리라.

말로 나를 거역하는 것은
사하심을 얻을 수 있지만
생명의 영을 거역하는 것은
결코 지울 수가 없으리라.

---

내가 하나님의 성령을 힘입어서 귀신을 쫓아내는 것이면 하나
님의 나라가 이미 너희에게 임하였느니라. Matthew 12:28

## 56. 표적

사람들은 표적을 구하고 있었다.
무언가 기적을 보여 달라는 것이다.
하늘에서 불이 내려오게 하고
광야에서 물을 내라는 것이다.

그러면 믿겠다는 것이다.
그래야 확실하다는 것이다.
초자연적 표징으로
말씀을 확증하라는 것이다.

쓰러지고 자빠뜨려
헤까닥 입신에 들어가면
능력이 있다는 것이다.
성령의 역사라는 것이다.

그러나 내가 보여줄 것은
오직 요나의 표적뿐이었다.
회개하고 돌이켜 생명으로 나아가는 것.
이보다 더 큰 기적이 어디에 있겠는가?

호랑이를 잡으려면
호랑이 굴로 들어가야 하듯

고래를 잡으려면
고래 뱃속으로 들어가야 한다.

나를 들어 바다에 던지라.
무덤 속으로 들어가야 한다.
옛사람이 죽고
새사람으로 다시 살아나야 한다.

엄청난 역사가 아닌
일상의 변혁이 일어나야 한다.
날마다 물고기의 뱃속에서
기도를 드려야 한다.

썩어지고 죽어져야
새싹이 돋아나는 것이니
무지의 과거에서 벗어나야
하늘에 도달할 수 있으리라.

예수께서 대답하여 이르시되 악하고 음란한 세대가 표적을
구하나 선지자 요나의 표적 밖에는 보일 표적이 없느니라.
Matthew 12:39

# 57. 형 제


일어나라.
같이 가자.
생명의 길이
우리를 기다린다.

이 길이 하늘의 명이니
나를 붙잡지 말라.
나를 구속하지 말라.
이것이 나의 운명이다.

사람의 태어나는
목적이 무엇인가?
뜻을 발원하여
하늘에 이르는 것.

그 길이 바로
성화의 길이며
자신을 쳐서 하늘의
뜻을 따르는 길이니

무엇을 위해 살아가는가?
무엇을 이루고자 하는가?

인륜을 넘어
천륜을 따른다.

누가 이 길을 알겠는가?
누가 이 길을 걷겠는가?
이미 길을 열었으니
그 끝은 어디인가?

내 이름을 부르지 말라.
내 앞에 무릎을 꿇지 말라.
생명의 길을 같이 걸어가는 이.
그들이 바로 나의 형제인 것이니

나의 형제여!
나의 자매여!
나의 어머니여!
나의 희망이여!

---

누구든지 하늘에 계신 내 아버지의 뜻대로 하는 자가 내 형제
요 자매요 어머니이니라. Matthew 12:50

# 58. 씨를 뿌리는 자

사랑하는 이여!
오늘도 나는
하늘의 밭에
씨를 뿌립니다.

이것이 내가 할 수 있는
최선의 일이며
나에게 남겨진
마지막 일입니다.

이것을 찾아
여기까지 왔습니다.
수많은 길을
홀로 걸었습니다.

보이지 않는
그 길을 따라
희망의 다리를 놓았습니다.
당신이 나를 이끄셨습니다.

세상을 보지 않습니다.
보상을 바라지 않습니다.

다만 지금 여기에서
희망의 씨를 뿌릴 뿐입니다.

그 씨앗은
하늘의 노래가 되어
세상에 퍼져갑니다.
생명의 홀씨가 됩니다.

하늘 속에서
하늘을 닮아가며
하늘의 이치를 따르는
하늘의 사람들.

하늘의 농부들은
하늘의 씨앗을 뿌립니다.
그들의 맑은 눈 속에는
언제나 하늘이 보입니다.

더러는 좋은 땅에 떨어지매 어떤 것은 백 배, 어떤 것은 육십
배, 어떤 것은 삼십 배의 결실을 하였느니라. Matthew 13:8

## 59. 비유

사람들은 손가락을 보고 있었다.
그 앞에 엎드려
두려움에 떨며
그것을 숭배하고 있었다.

손가락 자체인가?
손가락의 계시인가?
생명의 모양인가?
생명의 실체인가?

우상에 갇혀있는 그들은
저울에 달려 부족하다.
어리석은 혹세무민은
공멸의 길이다.

손가락을 보지 말고
가리키는 방향을 보라.
적혀진 문자를 보지 말고
그것이 의미하는 실체를 보라.

길가에 뿌려진 씨앗들은
닫혀진 마음이다.

새 시대의 깨달음을
얻을 수가 없다.

돌밭의 씨앗은
뿌리가 깊지 않다.
세상의 바람에 휩쓸려
믿을 수가 없다.

가시밭의 씨앗들은
염려와 유혹에 막혀
열매를 맺을 수가 없다.
날카로운 가시가 영혼을 찌른다.

마음 밭을 기경하라.
돌을 골라내고 가시를 태우라.
날마다 끊임없이
하늘의 밭을 만들라.

내가 그들에게 비유로 말하는 것은 그들이 보아도 보지 못하
며 들어도 듣지 못하며 깨닫지 못함이니라. Matthew 13:13

# 60. 가라지

언제나 그렇듯
한줄기 조그만 사념으로
마음에 그림자가
드리워진다.

다만 그것뿐이다.
조그만 유혹과 시험.
의심과 부정의 물결이
나의 호수에 파문을 일으킨다.

그 물결이 더 거세지면
격정의 풍랑이 일어난다.
거센 바람이 불고 폭풍이 몰아치면
잔잔한 호수는 늪이 되어버린다.

나는 한순간이라도
마음을 놓을 수가 없다.
항상 마음을 부여잡고
주어진 길을 걸어야 한다.

언제나 잡초가
자랄 수가 있다.

하루만 그대로 방치해버리면
무성한 풀밭으로 바꾸어진다.

그것이 마음 밭이다.
그것은 한꺼번에 뽑아낼 수가 없다.
그것은 같이 가는 것이다.
그것은 함께 살아가는 것이다.

그냥 가만 두는 것이다.
자라는 것을 살피는 것이다.
다만 자라고 있다는 것을 알아채고
그 마지막을 바라보는 것이다.

절망이 너무 자라나면
희망이 피어날 수 없다.
절망도 깊이 썩어지면
희망의 밭으로 바꾸어진다.

---

사람들이 잘 때에 그 원수가 와서 곡식가운데 가라지를 덧뿌
리고 갔더니. Matthew 13:25

# 3 장

나는 누구인가?

## 61. 겨자씨

그렇게 조그만 씨앗 하나가
커다란 나무로 자랄 수 있다는 것이
기적이라고 생각되겠지요?
그러나 그것이 진실입니다.

무엇이라도 처음엔
작게 시작하는 법입니다.
그렇기에 작다고
소홀해서는 안 됩니다.

나도 처음에는
작은 아이였습니다.
실수도 하고 알지도 못하는
어린아이였습니다.

당신도 그렇지 않았나요?
누구도 처음부터
잘 할 수가 없는 것입니다.
부딪치고 깨어져야 보석이 되는 것입니다.

지금 작은 것부터 시작해야 합니다.
아침에 일어나고

저녁에 자리에 드는 것부터
제대로 해야 하는 것입니다.

말을 하고
밥을 먹고
숨을 쉬는 것.
거기에서 천국은 시작됩니다.

그리고 끝까지
가는 길을 포기하지 않는 것입니다.
잠깐 멈출 수는 있겠지만
다시 일어서야 되는 것입니다.

때가 되면
하늘이 열리고
생명의 역사가 일어날 것입니다.
지금은 기도의 시간입니다.

---

천국은 마치 사람이 자기 밭에 갖다 심은 겨자씨 한 알과 같으
니. Matthew 13:31

## 62. 누룩

어머니는 빵을 만드셨다.
정성을 다한 밀가루 반죽에
한 수저의 누룩을 넣어
밤새도록 아랫목에 덮어두셨다.

아침에 되면 거기에서
기적이 일어났다.
부드럽게 부풀어 오른
하얀 속살이 생겨났다.

어머니는 항상
무에서 유를 만드셨다.
어머니의 손길이 가는 곳엔
배고픈 아이들의 먹을 것이 생겨났다.

우리는 언제나 어머니만 바라보았다.
배가 고프고
마음이 상하고
살기가 힘이 들어도

어머니에겐 모든 것이 가능했다.
생명을 잉태하고

가난을 이겨내고
희망을 출산했다.

오늘도 세상이 살아가는 것은
어머니가 있기 때문이다.
어머니가 없으면
나도 없다.

어머닌 자신을 바쳐
생명을 키워내고
삶을 변화시키는
한 덩이 누룩이셨다.

그리고 이제
그 어머니는 내 곁에 계시지 않다.
나를 위해 기도하며 어디나 계시기 위해
하늘의 하늘이 되신 것이다.

---

천국은 마치 여자가 가루 서 말 속에 갖다 넣어 전부를 부풀게
한 누룩과 같으니라. Matthew 13:33

# 63. 감추인 보화

거기에 보화가 있었다.
우리의 깊숙한 마음의 지성소.
아무도 알지 못하는 그곳에
우리의 희망이 감추어져 있었다.

멋진 인생의 여정이었다.
보이는 화려함을 추구하거나
사라질 소유를 쌓는 것이 아닌
그것은 하늘의 보화를 찾는 것이었다.

무엇이 우리의 보물인가?
나에게 그것은
천년을 간직한 진리였고
변하지 않는 생명의 비밀이었다.

비바람에 씻겨
수없이 무너져 내려도
다시 쌓아 올리는 기도의 탑.
나는 거기에 마지막 희망을 묻어두었다.

이제 다른 모든 것은
그만 두기로 했다.

오직 한 가지.
나에게 남겨진 그것만 하기로 했다.

나에겐 더 이상
낭비할 시간이 없다.
나는 매일
하늘로 돌아가야 한다.

기도를 올리고
계시를 받아 적고
다시 부를 수 없는
사랑의 노래를 불러야 한다.

적어도 나에겐
그것이 하늘의 보화였다.
나의 남아있는 시간을 바쳐
생명의 역사를 남기는 것이다.

---

천국은 마치 밭에 감추인 보화와 같으니 사람이 이를 발견한
후 숨겨두고 기뻐하며 돌아가서 자기의 소유를 다 팔아 그 밭
을 사느니라. Matthew 13:44

# 64. 분별

우리가 세상에 나온 것은
자기가 살아가는 자리에서
하늘과 땅을 꿰뚫는
길을 걸어가기 위함인 것.

그렇기에 이 길은
치열한 구도의 길이며
참된 삶을 실현하는
수행의 길인 것이다.

이런 뜨거운 세상에서
무심의 눈빛이란 과연 가능한 것인가?
마음의 동요 없이
인생이란 결전을 치를 수 있겠는가?

인생이란 과연 목숨을 걸고 싸워야 하는 전쟁터인가?
그렇다면 상생과 시너지는 어디에서 찾아야 하는가?
네가 살아야 내가 사는 것이고
내가 살아야 네가 사는 것이리라.

이것을 모르기에
아직 우리는 살아있지 못한 자가 되어

희망의 세상으로
나아가지 못하는 것이 아닌가?


매일 우리는 전쟁의
한복판에서 살아가고 있다.
이제 나는 그 판을 벗어나기로 했다.
결전에서 구원으로 전환하는 것이다.


나는 전쟁의 상대를
타인이 아니라
나 자신의 자아와
싸우기로 했다.


나 자신과의 전쟁을
선포하는 것이다.
내 인생의 완성은
바로 여기에 달려있는 것이기에…


그물에 가득하매 물 가로 끌어내고 앉아서 좋은 것은 그릇에
담고 못된 것은 내버리느니라. Matthew 13:48

## 65. 천국의 서기관

죽은 말은 키우는 게 아니다.
과감히 버릴 줄 알아야 한다.
얼마나 많은 사람들이 버리지 못해
무거운 짐을 지고 살아가는가?

뻔한 일을 한다는 게 얼마나 어려운 것인가?
눈에 훤히 보이는 길을
너무 뻔하다고 마다해서
삶의 패착을 하게 된다.

당연한 것을 마다하기에 사는 것이 더 어려워진다.
해야 할 것과 하지 말아야 될 것이 있다.
어려워도 꼭 해야 되는 것과
쉬워도 하지 말아야 될 것이 있다.

털 것을 빨리 털고
가볍게 가야 한다.
고행이 아니라
여행으로 살아야 한다.

마음의 짐을 털고
욕심의 짐을 버리고

허황된 욕망을 태워버려야 한다.
그것이 우리를 파멸로 몰아넣는 것이다.

같이 살아야 한다.
상대를 생각해야 한다.
서로가 의지할 수 있어야 한다.
그래야 위기에서 빠져나올 수 있다.

이웃을 사지에 몰아넣고
혼자 살 수 있다고 생각하는가?
그것에 쾌감을 느끼고
자기만족을 얻는 것인가?

수많은 사람들이 버리지 못해
오늘도 지옥의 길을 걸어가고 있다.
쓸데없는 힘을 빼야 비로소 자유를 얻어
진정한 역동을 이룰 수가 있을 것이다.

<hr>

천국의 제자된 서기관마다 마치 새것과 옛것을 그 곳간에서
내어오는 집주인과 같으니라. Matthew 13:52

# 66. 배척

지금 하지 않으면
어디에서든지 똑같을 것이다.
언제든 불필요한 것은
가지를 쳐내야 한다.

다 가지고 갈 수는 없다.
다 할 수는 없다.
필요한 것에 집중해야 한다.
한 가지만 해야 된다.

인생을 바칠 수 있는 것에
목숨을 걸어야 한다.
영혼이 가는 곳에
몸도 가는 것이다.

묘수가 빛나는 건,
그동안 판이 불리했다는 증거이다.
묘수와 꼼수는
정수로 받아야 한다.

다 환영하지는 않는다.
준비된 자만

하늘이 선택한 자만
나를 따를 것이다.

누구에게나 다 자기만의 삶이 있다.
내가 뭐라고
그들에게 감히
훈수질을 하겠는가?

고맙다.
내 가난한 껍질을 벗겨주어서…
그러나 누가 뭐라든
나는 내 길을 간다.

현실의 한계를 넘어서는 힘은
격식을 깨는 것이다.
미꾸라지의 개천을 벗어나야
용이 나오는 것이다.

---

예수께서 그들에게 말씀하시되 선지자가 자기 고향과 자기 집
외에서는 존경을 받지 않음이 없느니라. Matthew 13:57

# 67. 죽음의 춤

세상의 감추어진 금기는
더러운 욕망을 자극한다.
아무것도 아닌 것이
관음을 증폭한다.

먹지 말라 하는 것이
더 먹고 싶은 것처럼
갖지 말라 하는 것은
더 갖고 싶은 것이다.

드러내 놓고
먹으라 하는 것보다
아스라히 드러내는 것에
사람들은 더 미쳐한다.

순간이 지나면 그토록 허탈한 것이고
맛을 보면 사라져버리는
신기루에 불과한 것이거늘
그들은 거기에 목숨을 건다.

이 사실을 알게 된다면
이 진리를 깨닫게 된다면

무서운 쾌락의 나락에서
헤어 나올 수 있을 것인데…

관능의 춤을 추고 있다.
그것을 이용하고 있다.
몸을 흔들어대며
암내를 풍기고 있다.

자기가 무슨 일을 하는지를
알지도 못하면서
죽음의 목전을 향해
의인의 목을 요구한다.

무서운 일이다.
태양이 벌겋게 떠있는 하늘 아래에서
심판과 멸망이 망각되고 있다.
여기에선 기억이 구원이다.

---

마침 헤롯의 생일이 되어 헤로디아의 딸이 연석 가운데서 춤
을 추어 헤롯을 기쁘게 하니. Matthew 14:6

# 68. 축사

하늘이여,
배고파 본적이 없는 자는
감사를 알지 못하나이다.
그것이 바로 저주니이다.

모든 것을 할 수 있는 것이
바로 지옥이니이다.
욕망의 마지막은 착란이니이다.
금단의 선악과가 필요하나이다.

이 영혼들은
당신의 백성이니이다.
굶주림에 지쳐
여기에 찾아왔나이다.

하늘에는 말씀이 사라졌고
땅에는 먹을 것이 그쳤나이다.
이들을 그냥 보내지 마옵소서!
당신이 먹을 것을 주셔야 하나이다.

진정한 생명의 길은
어디에 있나이까?

이들을 어디로 보내야 하나이까?
우리는 어디로 가야 하나이까?

이들은 여기까지
진리의 길을 찾아왔나이다.
인생의 갈 바를 알지 못해
광야에서 헤매고 있나이다.

하늘의 문을 여소서!
구원의 사다리를 내리소서!
우리가 그리로 올라가겠나이다.
오르고 또 오르면 끝이 있겠나이다.

가진 것이 이것밖에 없사오니
내 몸을 드리겠나이다.
나를 밟고 오르도록 하겠나이다.
그것으로 생명의 역사를 일으키겠나이다.

---

무리를 명하여 잔디 위에 앉히시고 떡 다섯 개와 물고기 두 마
리를 가지사 하늘을 우러러 축사하시고. Matthew 14:19

# 69. 두려워 말라

가벼운,
단순히 먹고 살아가고
권력을 잡고 부귀를 추구하는
너무도 가벼운 세상 속에서

삶과 죽음의 의미,
가치와 진실에 대해서는
눈을 감고 귀를 막는
패역한 세태 속에서

동족을 압살하여
가진 것을 빼앗아 배를 채우고
그것으로 자기의 만족을 누리는
불의한 문명 속에서

그것이 바로
지옥임을 알지 못하며
한치 앞도 내다보지 못하는
파멸의 열차를 타고 가면서

그 안에서 히히덕거리며
자기들만의 패거리를 지어

생명의 길을 반역하는
더러운 욕망들 속에서

하루를 살아가는 우리의 삶과
날마다 뜨고 지는 우주의 운행은
우리에게 어떤 의미를
가지는 것일까요?

오늘도 물위를 걷나이다.
당신이 오라 하셨기에
믿음으로 그 길을
걸어가나이다.

거친 풍랑을 헤치고
앞서 걸어가시는
당신의 모습이 보이나이다.
당신의 음성이 들리나이다.

예수께서 즉시 이르시되 안심하라, 나니 두려워하지 말라.
Matthew 14:27

# 70. 깨달음

듣기는 들어도
하늘의 소리를 듣지 못하고
읽기는 읽어도
하늘의 뜻을 알지 못하는

가증하고 패역한 자들이
일어나 득세하여
세상의 강물을
더럽히고 있다.

침 바른 입술로는
화려한 말을 내뱉고 있지만
마음속은 쓰레기로
가득 차 있으며

앞에서는 머리를 조아리고
거룩하게 무릎을 꿇고 있지만
마음은 헛된 것을 찾아 끝없이 방황하는
더러운 욕심을 산같이 쌓아놓고 있다.

그들의 말을
가만히 들어보라.

무엇을 말하는가?
무엇을 원하는가?

마음에 가득한 것이
입으로 나오는 법.
허황된 축복을 마구 남발하고
공허한 말을 실타래처럼 늘어놓으니

하늘이 심지 않은 것은
뽑혀져 말라버릴 것이고
그 정체가 만천하에 밝히 드러나
부끄러운 수치를 당하게 되리라.

마음을 살피라.
깨달음을 얻으라.
하늘의 뜻을 간절히 궁구하여
너의 삶을 온전히 거기에 바치라.

---

예수께서 이르시되 너희가 아직까지 깨달음이 없느냐?

Matthew 15:16

# 71. 부스러기

그렇게 당신처럼
하늘을 열고 세상을 개벽하는
위대한 진리를
원하는 것이 아닙니다.

나의 역사를 시작하고
땅의 제국을 건설하는
욕망의 탑을
쌓자는 것도 아닙니다.

그냥 진리의 한 조각이라도
조금 맛보아 알고
내가 살아가는 자리에서
생명의 노래를 부르자는 것입니다.

날마다 나의 자리에서
당신의 뜻을 따라
한 발자국씩 그 길을
걸어가고 싶은 것입니다.

당신의 넘치는 사랑을
조금만 흘려주시면 안 되겠습니까?

당신의 은총을 조금 나누어달라는 것이
그렇게 무리한 요구인가요?

당신이 던져주는 부스러기만이라도 족합니다.
매일을 살아가는 빵 한 조각.
아이들이 자신의 미래를 꿈꾸기 위해 필요한
조그만 희망의 한 자락.

나는 당신에게
구원의 기회를 드리는 것입니다.
적어도 인간으로 살아갈 수 있는
마지막 시간을 선물하는 것입니다.

자기만 돌아보고
자기만 생각하는
혼자만의 외로운 독방에서
생명의 탈출을 감행하자는 것입니다.

여자가 이르되 주여 옳소이다마는 개들도 제 주인의 상에서
떨어지는 부스러기를 먹나이다. Matthew 15:27

## 72. 주의하라

정신을 차리고
깨어 경계하라.
사람들은 저마다
자기의 뜻대로 살아간다.

어떤 사람들은
율법 그대로 살라 한다.
육은 악하니
영에 순복하라고 한다.

육신의 즐거움은
영의 뜻을 거역하는 것이니
육신은 망해야 하고
영은 흥해야 한다는 것이다.

그러나 현실주의자들은 이렇게 말한다.
그것은 헛된 소리다.
영은 육신을 입어야 하고
영은 육신의 그림자에 불과하다.

현실이 최고인 것이고
영을 위해

육신을 학대해서는
안 되는 것이다.

오늘을 즐기라.
지금 먹고 마시라.
주어진 이 시간을
마음껏 이용하라.

하지만 하늘의 뜻은 이것이었다.
몸과 영이 하나가 될 때
생명의 온전함이
이루어지는 것이니

너희의 몸으로 하늘의 뜻을 이루라.
건강한 몸에 거룩한 영이 임하는 것이고
수행의 꽃이 피어나는 곳에
생명의 열매가 맺히게 되리라.

예수께서 이르시되 삼가 바리새인과 사두개인들의 누룩을 주
의하라. Matthew 16:6

# 73. 나는 누구인가

태어나기 전에
이미 존재한 자가 있고
세상에 있어도
아직 존재하지 않은 자가 있다.

세상에 살아가면서도
살아있지 못한 자가 있고
지금 살아있지 않지만
영원히 살아있는 자가 있다.

삶과 죽음의 경계선에서
우리는 항상
질문에 던져진다.
나는 어디에서 살아가는가?

나는 누구인가?
나는 무엇을 믿는가?
나는 나 자신을 아는가?
나는 그가 누구임을 아는가?

그를 묻는 것은
나와의 관계를 묻는 것이고

그의 정체를 묻는 것은
나의 삶을 묻는 것이다.

사람은 자기가 믿는 대로 살아간다.
믿음의 대상을 묻는 것은
그가 살아가는 삶의 자리와
현존의 의미를 묻는 것이리라.

너의 믿음으로
닫힌 하늘을 열라.
날마다 너를 드려
너의 하늘을 세우라.

네가 땅에서 매면
하늘에서도 매일 것이고
네가 땅에서 풀면
하늘에서도 풀릴 것이니…

주는 그리스도시요 살아계신 하나님의 아들이시니이다.
Matthew 16:16

# 74. 자기 부인

나의 길은
너의 길과 다르다.
나의 길은
세상의 길과 다르다.

나의 길은
하늘의 길이며,
나의 길은
생명의 길이다.

나의 길은
진리의 길이고,
나의 길은
자유의 길이다.

소유의 길이 아니라
가진 것을 버리는 길이며
자아의 만족이 아니라
자기를 부인하는 길이다.

높아짐이 아닌
낮아짐의 길이며

정복이 아니라
섬김의 길이다.

그리하여 그 길은
십자가를 지는 길이고
그래서 그 길은
다시 살아나는 길이다.

영원을 향한
순례자의 길이며
자기를 버려
자기를 완성하는 길이니

나를 따르는 자는
그곳에 도달하리라.
나와 함께하는 자는
그 길을 걷게 되리라.

---

누구든지 나를 따라오려거든 자기를 부인하고 자기 십자가를
지고 나를 따를 것이니라. Matthew 16:24

# 75. 변화

날마다
변화의 산에 올라
낡은 허물을
벗는다.

허물이 벗겨질 때마다
영혼은 고통하며
비상의 모습을
갖추게 된다.

더 이상
벗을 허물이 없을 때
드디어 우리는
영광의 몸으로 변화하게 된다.

그러나 지금은
내려가야 한다.
우리의 나머지 할 일을
마쳐야 한다.

오를수록
더 깊어지고

더욱 더 낮아짐은
하늘이 주시는 은혜이다.

오를 때마다
하늘과 가까워지고
내려갈 때마다
땅과 가까워지니

이렇게 반복하며
생명을 완성하고
거룩한 영을 따라
신의 산을 오른다.

일어나라.
두려워 말라.
때가 가까우니
우리의 할 일을 하자.

그들 앞에서 변형되사 그 얼굴이 해 같이 빛나며 옷이 빛과 같
이 희어졌더라. Matthew 17:2

# 76. 믿음

믿음은
산을 옮기는 것이다.
산이 옮겨질 때까지
살아있는 것이다.

거기에
열쇠가 있다.
누가 그때까지 기다리며
참아낼 수 있겠는가?

넘어야 할 벽이 있고
올라야 할 산이 있음은
우리에게 남겨진
오늘의 축복이다.

그것 때문에
내가 살아있는 것이고
그것으로 인해
내가 존재하는 것이다.

도전이 없는 삶을
생각할 수가 있겠는가?

그것은 아무런 긴장이 없는
늘어진 고무줄에 불과하다.

가장 힘든 산은
마음에 놓여있다.
믿음이 없기에
옮기지 못하는 것.

믿음이 없고
패역한 세대여!
내가 얼마나 너희와
함께 있어야 하겠느냐?

너희가 하라.
너희의 힘을 합하라.
목표를 세워 시작하고
끝까지 눈을 돌리지 말라.

---

너희에게 믿음이 겨자씨 한 알 만큼만 있어도 이 산을 명하여
여기서 저기로 옮겨지라 하면 옮겨질 것이요 또 너희가 못할
것이 없으리라. Matthew 17:20

# 77. 성전 세

반 세겔의 동전을 원하는가?
그래, 한 세겔을 주리라.
절반을 구하지 말고
온전을 구하라.

아버지의 것은
모두 나의 것이니
너희가 기쁨으로 살아감이
그의 최고의 기쁨일 것이라.

아버지가 아들에게
세상을 주셨고
모든 것이 나에게 속하였으니
내가 누구에게 세를 내겠느냐?

그러나 내가 이것을 통하여도
아버지께 영광을 돌릴 것이니
내가 일하는 모든 것이
아버지의 영광을 위함이라.

오늘도 거룩한 산에 올라
불순종의 역린을 벗는다.

이렇게 매일 껍질을 벗다보면
어느 날 하늘에 오를 수가 있게 될 것.

오늘도 신의 호수에 나가
펄떡이는 고기를 낚아 올린다.
그리고 그 입에 물린
동전 한 입을 꺼낸다.

그 동전을 바쳐
생명의 노래를 부른다.
지금 살아있으니
희망을 노래한다.

마음의 지성소에
한 송이 꽃을 드리고
생명이 다하는 그날까지
영혼의 향을 피운다.

---

그러나 우리가 그들이 실족하지 않게 하기 위하여 네가 바다
에 가서 낚시를 던져 먼저 오르는 고기를 가져 입을 열면 돈 한
세겔을 얻을 것이니 가져다가 너와 나를 위하여 주라 하시니
라. Matthew 17:27

# 78. 얼인이 (The little children)

누가 하늘에
들어갈 수 있으며
누가 그 나라에서
큰 자인 것인가?

너희가 돌이켜
어린아이와 같이 되지 아니하면
결단코 천국에 들어가지 못하리라.
자기를 낮추는 그 사람이 큰 자니라.

욕심의 덩어리인
철부지 어린이가 아니라
하늘의 얼을 가슴에 품은
생명의 얼인이로 키워내야 한다.

또 하나의 욕망을
세상에 내놓은들
그것이 하늘의 뜻과
무슨 관계가 있겠느냐?

항상 자신을 돌이키라.
하늘이 그의 그림을

그릴 수 있도록
빈 공간이 되라.

푸른 하늘을
마음에 담을 수 있는
그렇게 크고 맑은
영성의 호수가 되라.

함부로 말하지 말고
아무렇게나 행하지 말라.
네가 뿌린 그대로
거두게 될 것이니

작은 자를 영접함이
나를 영접하는 것이니라.
실족케 하는 일이 없을 수 없으나
실족케 하는 그 사람에게 화가 있으리라.

---

너희가 돌이켜 어린 아이들과 같이 되지 아니하면 결단코 천
국에 들어가지 못하리라. Matthew 18:3

# 79. 합심

사랑하는 형제들이여!
먼저 마음을 합하세요.
여러분이 마음을 합하면
어떤 것도 이겨낼 수 있습니다.

한 사람이 보리수 아래 앉으면
자신을 볼 수 있지만
두 사람이 보리수 아래 앉으면
하늘을 볼 수가 있습니다.

한 사람이 마음을 모으면
세상을 열 수가 있지만
두 사람이 마음을 모으면
하늘을 열 수가 있습니다.

그 한 사람을 얻으세요.
그 사람과 마음을 합하세요.
그 한 사람과 힘을 합하면
천하를 얻을 수 있을 것입니다.

여러분이 합심하여 땅에서 매면
하늘에서도 매일 것이요

여러분이 합심하여 땅에서 풀면
하늘에서도 풀릴 것입니다.

여러분이 뜻을 합하여
내 이름으로 모인 곳에는
나도 여러분과
함께 있을 것입니다.

마음이 어디에 있으며
닦을 것이 어디에 있겠습니까?
하지만 본래의 자신을 찾는다면
영원한 환희에 젖게 될 것입니다.

그것을 위하여
세상에 존재하십시오.
그것을 위하여 합심하여
하늘의 뜻을 이루어 가십시오.

---

너희 중의 두 사람이 땅에서 합심하여 무엇이든지 구하면 하
늘에 계신 내 아버지께서 그들을 위하여 이루게 하시리라.
Matthew 18:19

# 80. 용서

세상에는 참으로
여러 모습들이 있다.
눈뜨고는 볼 수 없는
참상들이 있다.

심판하지 않을 수 없는
하늘의 마음이 있다.
그곳에 오래 참으시는
아버지의 뜻이 있다.

가난한자들 앞에서는
머리를 들고 소리를 지르면서도
가진 자들 앞에서는 교활한 머리를 조아리는
비루하고 부끄러운 자들이 있다.

거룩한 형상을 부여받았으면서도
짐승의 탈을 쓴 아귀처럼
동족의 피를 빨아먹는
흡혈귀들이 있다.

자기는 죽을 죄를 용서받았으면서도
형제의 조그만 허물 앞에서는

길길이 뛰며 분을 발하는
천하의 못난 자들이 있다.

하늘의 뜻을 함부로 빙자하여
호화로운 옷을 온몸에 걸치고
백성들을 무지몽매로 인도하는
사악한 지도자들이 있다.

매일 자신은 무상의 은혜로 살아가면서도
조그만 은혜조차 베풀지 않는
강퍅하고 초라한
군상들이 있다.

하늘이 우리를 용서하지 않으신다면
우린 한순간도 살 수가 없을 것이니
오늘도 나는 감히 머리를 들지 못하고
용서의 마음으로 하루를 살아간다.

너희가 각각 마음으로부터 형제를 용서하지 아니하면 나의 하
늘 아버지께서도 너희에게 이와 같이 하시리라. Matthew 18:35

# 81. 한 몸

사람은 사랑이다.
사람은 사랑으로 산다.
사람은 사랑으로 살아야한다
사랑은 한 몸을 이룸으로 완성이 된다.

너희를 위하여
돕는 배필을 지었도다.
뼈 중의 뼈이고
살 중의 살이로다.

가장 귀한 몸이니
가장 귀하게 대접하라.
대접 받고 싶은 대로
그렇게 먼저 대접을 하라.

고치려 하지 말고
서로 도와 하나가 되라.
부족한 것은 보충하고
남는 것은 나누어 주라.

상대에 숨어있는
가능성을 찾으라.

깊숙이 존재하는
보물을 찾아내라.

단점은 묻어두고
장점은 키워내라.
그것이 언젠가는
보화가 될 것이다.

인생이란 보물찾기이다.
패자는 할 말이 없다.
온갖 역경을 이겨내고
마지막 승리를 얻어내라.

배수진을 치라.
뒤로 물러서지 말라.
사랑의 연금술사가 되라.
누구나 사랑은 할 수 있지 않은가?

# 82. 영생

여기에 영생이 있다 해도
이리로 오지 말고
저기에 영생이 있다 해도
그리로 가지 말라.

영생은 네 안에 있으니
네 안에 있는 보화를 찾으라.
영생이란 오늘의 네 삶을
영원과 이어지게 하는 것이니

매일 마지막을 살아가라.
오늘을 마지막처럼 살라.
날마다 후회함 없이 살라.
항상 너의 최선을 다하라.

율법의 문자가 아니라
율법의 정신을 지키라.
율법의 조문에 갇히지 말고
그 행간에 존재하는 뜻을 보라.

소유에 얽매이지 말라.
의복이 몸보다 중하지 아니하며

소유가 자유보다 중하지 아니하니
부자는 천국에 들어가기가 심히 어려우니라.

가진 것을 나누라.
영생은 가지는 것이 아니라
자기 안에 있는 것을 깨닫는 것이니
너의 가진 것을 팔아 굶주린 자들에게 나누어주라.

너희는 무로 왔다가
무로 돌아가는 것이니
너의 마음에 남아있는
모든 애증을 버리라.

그리고 나를 따르라.
나를 따르는 자는
영생을 얻고 누릴 것이며
영원한 삶을 상속하게 되리라.

어떤 사람이 주께 와서 이르되 선생님이여, 내가 무슨 선한 일
을 하여야 영생을 얻으리이까? Matthew 19:16

# 83. 내 뜻

나의 생각은
너의 생각과 다르고
나의 계산은
너의 계산과 다르도다.

세상에 와서
일하지 않을 수는 없으나
일에 얽매이지 말고
일의 기쁨을 맛보아야 하느니라.

일할 수 있다는 것은
살아있는 축복인 것이니
일거리가 없다는 것은
너희의 저주라.

놀고 먹는 것이
복이 아닌 것이고
보람을 주는 일을 함이
하늘의 은총인 것이니

너희를 얽매는 모든 것은
나의 뜻이 아닌 것이요

너희가 열심히 수고한들
머리털 하나라도 검게 할 수 있더냐?

먼저 왔다고
자랑할 것도 없고
늦게까지 일한다고
불평할 것도 없으니

일을 많이 했다고
뻐길 것도 없는 것이고
조금 일했다고
기죽을 필요도 없는 것이라.

이와 같이
나중 된 자가 먼저 되고
먼저 된 자가
나중 될 수 있으리라.

---

네 것이나 가지고 가라. 나중 온 이 사람에게 너와 같이 주는
것이 내 뜻이니라. Matthew 20:14

# 84. 예루살렘(Jerusalem)

일어나라.
그곳으로 올라가자.
예부터 있어왔던
평화의 도시.

베들레헴에서 태어나서
나사렛에서 자라나고
이제 예루살렘에서
죽어야 한다.

그곳에서
우리의 피를 흘려야 한다.
그곳을 우리의 피로
정복해야 한다.

그곳을 우리의
성지로 만들어야 한다.
그곳에서 하늘의
역사를 일으켜야 한다.

두려운 것을
이기는 길은

그것에 정면으로
맞서는 것이니

눈을 감지 않고
고개를 돌리지 않고
온몸으로 저항하는 것이다.
가장 비참하게 당하는 것이다.

비겁한 자, 물러가고
용감한 자, 날 따르라.
피 흘림이 없이
꽃핀 적이 있었던가?

우리의 믿음을 증명해야 한다.
우리의 사랑을 실행해야 한다.
우리의 희망을 지켜내야 한다.
우리의 진실을 드러내야 한다.

---

보라, 우리가 예루살렘으로 올라가노니 인자가 대제사장들과
서기관들에게 넘겨지매 그들이 죽이기로 결의하고. Matthew
20:18

# 85. 구하는 것

당신을 위해
모든 것을 바쳤습니다.
더 이상 우리에겐
남아있는 것이 없습니다.

세상에서는
바랄 것이 없습니다.
우리의 모든 것을
당신에게 걸었습니다.

적어도 우리는
그것을 알고 있습니다.
여기까지 당신을
따라왔습니다.

이제 당신이
책임을 지셔야 합니다.
우리와 가족을
먹여 살려야 합니다.

우리의 미래를
보장해야 합니다.

우리의 투신에
보상을 주셔야 합니다.

당신의 나라가 임할 때에
당신 옆 자리를 주십시오.
그래야 다른 사람들도
당신을 따를 것입니다.

그렇지 아니하면
모두 당신을 떠날 것입니다.
사람들은 자기를 알아주는 주인에게
목숨을 거는 것입니다.

당신이라면
하실 수 있습니다.
당신의 능력을
보여주십시오.

너희는 너희가 구하는 것을 알지 못하는 도다. 내가 마시려는
잔을 너희가 마실 수 있겠느냐? Matthew 20:22

## 86. 보게 되어

아침이 밝아오고
대지가 꿈틀거릴 때,
어둠을 뚫고 솟아오르는
그 태양을 보기를 원합니다.

나에게 남아있는 시간이
얼마가 될지 모르오나
주어진 한순간도
놓치고 싶지 않습니다.

당신이 매일 바라보는
아름다운 이 모습들을
하루만이라도 저에게
허락하여 주옵소서!

산길을 오르다보면
온몸이 점점 더워지고
땀방울이 흐르는 이마에
하늘의 바람이 불어옵니다.

마음까지 시원해지고
영혼이 밝아지는 그 시간에

희망의 노래를
부르기를 원합니다.

매일 태양이
자기의 일을 마치고
어둠으로 돌아가는 그 시간엔
성스런 기도를 드리고 싶습니다.

그러하니 나의 주여,
눈 뜨기를 원합니다.
지금 여기에서
영생을 맛보기를 원합니다.

주어진 그 시간들을
헛되이 보내지 아니하고
나에게 주어진 이 시간이
영원이 되게 하겠습니다.

---

예수께서 불쌍히 여기사 그들의 눈을 만지시니 곧 보게 되어
그들이 예수를 따르니라. Matthew 20:34

## 87. 주가 쓰시겠다

하늘의 아이야,
네가 필요하단다.
아무것도 치장하지 말고
그냥 나에게로 오려므나.

내가 너에게
붉은 옷을 걸쳐주고
인류의 구세주가 올라가실
그 길을 걷도록 해주겠다.

너는 가장 영광스런
길을 걸어가는 거야.
누구도 가보지 못한
생명의 길을 가는 거란다.

그 길은 너에게
아픈 고통과
깊은 슬픔을
남겨줄 수도 있을 거야.

하지만 그 길이
너의 운명인 것이지.

너에게 주어진
하늘의 뜻인 것이지.


생명은 누구든지
한 번은 죽게 되는 것이지만
어떻게 마지막을 장식하느냐,
그것이 중요한 것이겠지.


어떻든 우리는 모두
닳아지고 사라지게 될 터인데
하늘에 쓰임 받는 것이
최고의 기쁨이 아니겠니?


너는 그 길을 걸어가게 되는 거야.
나를 따라오렴.
나와 같이 그 길을 걸어가는 거야.
가장 위대한 생명의 노래를 부르는 거야.

만일 누구 무슨 말을 하거든 주가 쓰시겠다 하라. 그리하면 즉
시 보내리라. Matthew 21:3

## 88. 기도의 집

내 집은 정의와 평화를 이루는
만민의 기도하는 집이거늘
너희는 강도의 소굴로
만들어 버렸도다.

너희는 고귀한 사랑을 나누고
하늘의 뜻을 세상에 펼쳐가는
거룩한 믿음의 공동체이거늘
타락한 집단이 되었도다.

내가 버리리라.
내가 씻으리라.
내가 피를 흘려
새 집을 세우리라.

나를 바치리라.
지금까지 세상에서
몸을 드리지 않고 세워졌던
하늘의 집이 있었던가?

너희의 상을 엎으리라.
너희의 주머니를 찢으리라.

너희가 쌓았던 세상의 부가
한순간에 무너지게 되리라.

가난한 자를 착취하고
억울한 자를 양산했던
너희의 사악한 탐욕을
심판의 불로 태워버리리라.

양심의 화인을 맞아
수치를 모르는 패역한 것들.
부끄러운 수치를 넘어
백주에 흉악을 행하고 있도다.

너희의 집을 헐리라.
하늘의 집을 세우리라.
너희가 전혀 보지 못했던
새로운 역사가 열리게 되리라.

---

그들에게 이르시되 기록된 바 내 집은 기도하는 집이라 일컬
음을 받으리라 하였거늘 너희는 강도의 소굴을 만드는도다 하
시니라. Matthew 21:13

# 89. 무화과나무

태초부터 너를 불러
세계의 중심에 심었으나
너에게선 아무런 열매도
찾을 수가 없구나.

내가 배가 고프고
내가 먹고 싶어서
그런 게 아니라
나의 영혼들이 굶주려 있구나.

사람들이 갈 바를 몰라
어둠을 헤매고 있지만
너는 그런 것엔 아무런
관심도 보이지 않는구나.

너는 무엇 때문에 살아가는가?
너의 존재이유는 무엇인가?
무엇을 위해 이 땅에서
구차한 목숨을 유지하고 있는가?

진리를 붙잡고 열매를 맺으라.
생명의 열매.

구원의 열매.
그것이 필요하구나.

그 열매를
내게로 가져오라.
사람들이 그것을 먹고
희망이 솟아나게 하라.

그것 때문에
너는 존재하는 것이고
그것을 위해 너는
부름을 받은 것을…

너희 믿음은 열매를 맺어야 한다.
진실한 믿음은 산을 옮길 것이요,
너희가 믿고 구하는 것은
다 받게 될 것이다.

길 가에서 무화과나무를 보시고 그리로 가사 잎사귀 밖에 아
무것도 찾지 못하시고 나무에게 이르시되 이제부터 영원토록
네가 열매를 맺지 못하리라 하시니 무화과나무가 곧 마른지라.
Matthew 21:19

# 90. 어떤 권위

생명은 하늘이다.
생명은 하늘에서 나온다.
생명이 없으면 하늘도 없다.
하늘은 생명을 위해 존재한다.

나는 생명을 위해 존재한다.
나는 생명을 위해 일한다.
나와 생명은 하나이다.
나의 권위는 여기에서 나온다.

나는 하늘에서 왔다가
하늘로 돌아갈 것이다.
그러나 나는 세상에서
생명과 함께 살아간다.

생명은 사랑으로 존재한다.
사랑하지 않는 자는
생명이 아니다.
그는 사물에 불과하다.

너희가 돌이켜
생명의 길을 따르라.

너희 자신을 내려놓고
생명을 그곳에 올려놓으라.

그것이 너희의 살길이며
너희가 하늘에 이르는 길이니
그 길을 거역하는 자는 지옥에 떨어져
영원히 슬피 울며 이를 갈게 될 것이다.

너희의 높아짐은
세상의 권세가 아니라
하늘이 주시는 생명의 은혜이니
흔들리지 말고 나의 길을 따르라.

누가 하늘의 뜻대로 하겠느냐?
무서운 고난과 절망 속에서
생명의 길을 걷는 자들만이
그 나라에 들어가게 되리라.

---

예수께서 성전에 들어가 가르치실 새 대제사장들과 백성의 장
로들이 나아와 이르되 네가 무슨 권위로 이런 일을 하느냐? 누
가 이 권위를 주었느냐? Matthew 21:23

# 4 장

# 하늘의 아들

# 91. 버린 돌

돌을 들어 호수에 던지듯
시간을 던지고
마음을 던지고
감정의 찌꺼기를 세상에 던진다.

호수는 잔잔할 날이 없다.
바람이 불고
비가 내리고
파문의 물결이 번져간다.

나는 버림을 받아야 한다.
하늘의 뜻을 따라야 한다.
나는 그들이 원하는 대로
결코 따르지 않을 것이다.

우리의 소유가 어디에 있겠는가?
우리는 모두 잠깐 빌려 쓰는 것일 뿐.
그것을 항상 기억해야 한다.
그 값을 갚아야 한다.

그들은 그것을 자기의 소유로 생각한다.
천년만년 소유할 것으로 착각한다.

대대로 물려주어
영화를 누리려 한다.


그러나 그렇게 쌓음으로
하늘이 열리게 된다면
개미들이 하늘을
가장 많이 열었을 것.


그 나라는 소유로 채워지는 것이 아니라
버림으로 채워지는 것임을 알아야 한다.
그들이 버린 돌이
진리의 머릿돌이 되었다.


너희는 그의 나라를 빼앗길 것이고
생명의 열매 맺는 백성이 받게 될 것이니
이 돌 위에 떨어지는 자는 깨어지겠고
이 돌이 그 위에 떨어지면 가루로 흩으리라.


건축자들의 버린 돌이 모퉁이의 머릿돌이 되었나니 이것은 주
로 말미암아 된 것이요 우리 눈에 기이하도다. Matthew 21:42

## 92. 혼인 잔치

사랑하는 자여,
나와 한 몸이 되자.
나, 그대를 기다리며
나, 그대를 부르도다.

일어나 나와 같이
하늘의 길을 걸어가자.
진리의 보화가 반짝이고
생명의 열매가 맺히는 곳.

세상의 허무함을
마음 깊이 깨달으니
순간이 영원이 되고
하늘의 길이 열리도다.

무엇에 그리 바빠
생명을 잊었더냐?
무엇이 중요한 줄
깨닫지 못하느냐?

하늘을 더럽히고
쓰레기를 만들어 내어

그것으로 너를 위해
무엇을 하겠느냐?

너의 일이 무엇이냐?
생명을 파괴하고
목구멍을 가득 채워
무엇을 남기려느냐?

예복을 준비하라.
누더기를 벗어내고
하늘이 내어주신
진리를 옷 입으라.

신성과 합일하여
완성으로 들어가는
신비의 그 세계로
지금 나아가라.

청함을 받은 자는 많되 택함을 입은 자는 적으니라. Matthew
22:14

## 93. 황제

아이는 기차놀이를 한다.
맨 앞에는 황제가 타고
그 옆에는 황후가 탄다.
자기는 운전수가 된다.

아이의 얼굴엔 땀방울이 흐른다.
재미가 있다.
신이 난다. 적어도 자기는
기차에 타고 있는 것이다.

아이는 혼자가 무섭다.
이렇게라도 가면
서로가 벽이 되어
시간을 잊게 된다.

잊으면 되는가?
그렇게라도 하면
위안이 되는가?
감추어진 웃음이 번진다.

기차놀이는 계속된다.
끝이 보이지 않는다.

이 놀이가 끝나면
밝혀질 모습이 싫다.

원래 아무것도 아니라는 것.
처음부터 없었다는 것.
놀이가 끝나면
끝없는 공허라는 것.

그런 놀이를 하고 있다.
황제 놀이.
부자 놀이.
우상 놀이.

어느 날 잠이 깨면
모두가 사라질
세상 놀이에
빠져 있다.

가이사의 것은 가이사에게 하나님의 것은 하나님에게 바치라.
Matthew 22:21

## 94. 살아있는 자

살아있고 싶다.
죽은 후의 허상이 아니라
지금 여기에서
영원을 살고 싶다.

나의 하늘 아버지도
그것을 원할 것이다.
적어도 나는 그 앞에서
진실하고 싶다.

지금을 충실하지 못하고
미래를 담보로
현재의 감옥에서
살고 싶지는 않다.

지금 하늘 높이
쌓아놓은 것으로
천국을 보장할 수는
없을 것이다.

나는 그럴 생각도 없다.
삶의 목적이 다른 것이다.

그들은 행복을 원하지만
나는 진리를 원한다.

그들은 잘 먹고
잘 살자는 것이지만
나는 의에 주리고
목마르자는 것이다.

이렇게
살아가다보면
순간을 살아도
영원과 이어지게 될 것이다.

그렇지 않더라도
나에게는 문제될 것이 없다.
적어도 난 한순간일지라도
후회함이 없이 살았기 때문에…

# 95. 계명

하늘의 계명은
우리에게 주어진
무거운 짐이 아니라
우리가 살아갈 최선의 길이다.

사막을 걸어가다 보면
드러난 길로만 걸어갈 수는 없다.
목표를 정하고 눈을 밝혀
걸어갈 길을 내어야 한다.

계명이면
다 같은 계명인 것이지
큰 계명이 있고
작은 계명이 있겠는가?

지극히 작은
계명이라 할지라도
밑바탕은 모두 다같이
서로 통해 있는 것이다.

마음을 다하고
목숨을 다하고

뜻을 다하여
하늘을 공경한다.

나와 같이 살아가는 이웃들과
동시대를 살아가는
살아있는 생명들을
내 몸처럼 사랑한다.

네 몸이 어디 있고
내 몸이 어디에 있겠는가?
우리는 같은 공기를 마시며
같은 물을 마시며 살아가는 것.

이것이
하늘이 우리에게 주신 법이며
모든 선지자들이 깨달은
대강령인 것이니…

# 96. 자기를 높이는 자

높은 자리라고
좋아하지 말라.
땅 아래로
떨어지리라.

앞장서 간다고
그들을 인도한다고
함부로 설치지 말라.
자기를 뽐내지 말라.

누가 감히 영혼을
인도할 수 있겠느냐?
너희도 부족하고
너희도 죄인인 것을.

선생이 되지 말라.
잘난 체하지 말라.
너희 선생은 하나요,
너희는 다 형제니라.

땅에 있는 자를
아버지라 하지 말라.

너희 아버지는 한 분이니
곧 하늘에 계신이시니라.

지도자가 되지 말라.
지도자라 칭함을 받지 말라.
너희의 지도자는 한 분이니
곧 그리스도 주시니라.

화가 있을 것이라.
불의한 재판관들이여!
어리석고 눈 먼 인도자들이여!
겉과 속이 다른 외식하는 자들이여!

그들을 본받지 말라.
그들을 따르지 말라.
그들은 사람들에게 무거운 멍에를 지우고
자기는 한 손가락도 움직이려 하지 않는도다.

누구든지 자기를 높이는 자는 낮아지고 누구든지 자기를 낮추
는 자는 높아지리라. Matthew 23:12

# 97. 회칠한 무덤

무덤을 만들려고
일생을 살아간다.
회칠을 하기위해
모든 삶을 바친다.

겉은 깨끗하게 씻지만
속에는 탐욕이 가득하다.
밖으로는 아름답게 보이나
안에는 쓰레기가 가득하다.

지금을 충실히 사는 거다.
주어졌으니 잘 사는 거다.
사는 것이 이유보다 먼저이다.
이미 주어진 것을 어떻게 하겠느냐?

왜 사느냐가 아니고
어떻게 사느냐가 문제이다.
이왕 사는 거니
멋지게 사는 거다.

살며
사랑하며

주어진 삶을
불태우는 거다.

바람처럼 자유롭고
하늘처럼 푸르게
꽃처럼 아름답고
태양처럼 강렬하게

한 번뿐이니
다시 돌아오지 않으니
한 점 후회함 없이
그렇게 사는 거다.

무덤을 가꾸지 않고
마음을 가꾸는 거다.
가장 아름답고 깨끗한 삶을
세상에 남기는 거다.

화있을진저, 외식하는 서기관들과 바리새인들이여. 회칠한 무덤 같으니 겉으로는 아름답게 보이나 그 안에는 죽은 사람의 뼈와 모든 더러운 것이 가득하도다. Matthew 23:27

# 98. 미혹

주의 임하심을
구하지 말라.
세상 끝의 징조를
알려고 하지 말라.

사람의 미혹을 주의하라.
많은 우상들이 나타나
자기를 메시아라 하여
사람들을 미혹하리라.

나는 하늘의 아들이 아니다.
다만 사람의 아들일 뿐.
기적을 기대하지 말라.
종말을 기다리지 말라.

난리의 소문을 듣겠으나
너희는 두려워하지 말라.
이런 일이 있어야 하되
아직 끝은 아니니라.

민족이 민족을 대적하고
나라와 나라가 전쟁을 하며

처처에 기근과 지진이 있으리니
이 모든 것은 재난의 시작이라.

그때에 사람들이 너희를 환난에 넘겨주며
너희를 죽음의 자리에 내어 주리니
너희가 내 이름 때문에
고난을 받으리라.

그러나 너희의 할 일을 하라.
오늘을 살고 지금 이 순간을 살라.
누군가 그렇게 살고 싶어 했던 시간.
누군가 그렇게 나누고 싶었던 사랑.

순간이 영원이 되고
찰나가 영겁으로 바뀌는
돌아오지 않는 그 세월을
결코 헛되이 보내지 말라.

---

많은 사람이 내 이름으로 와서 이르되 나는 그리스도라 하여
많은 사람을 미혹하리라. Matthew 24:5

# 99. 환난

하늘의 뜻을 따르기 위해서는
우리는 환난을 당해야 한다.
고난을 당할수록
하늘과 가까워진다.

세상을 따르는 자는
평안한 것 같지만
실상은 멸망의 길로
가까워지는 것이다.

그들이 뿌린 씨를
그들이 거둘 것이고
그들이 흘린 피를
그들이 마실 것이다.

그러나 너희는 두려워 말라.
정금으로 나오기 위해서는
그만큼 연단을
받아야 하리라.

그 날 환난의 날에
해가 어두워지고

달이 빛을 내지 아니하며
별들이 하늘에서 떨어지리라.

그때에 내가 다시 오리라.
땅의 모든 족속이 통곡하며
사람의 아들이
영광으로 오는 것을 보리라.

승리의 나팔 소리와 함께
그의 택하신 자들을
이 끝에서 저 끝까지
사방에서 모으리라.

악인들은 가슴을 치며
후회에 젖겠지만
의인들은 그 나라에서
생명의 면류관을 받으리라.

이는 그 때에 큰 환난이 있겠음이라. 창세로부터 지금까지 이
런 환난이 없었고 후에도 없으리라. Matthew 24:21

# 100. 깨어 있으라

어두운 겨울을
지나고 있습니다.
하늘은 얼어붙어
앞이 보이지 않습니다.

사람들은 목을 웅크리고
나오지 않습니다.
다들 몸을 사리며
눈을 감고 있습니다.

매서운 추위가 지나가길
기다리고 있습니다.
잘 못해 몸을 상하면
일어설 수가 없습니다.

회색빛 사람들은
때를 만났습니다.
가진 자들 편에 서서
죽음의 춤을 춥니다.

희망의 길목을 막아
장벽을 세웁니다.

미래로 나가는 길을
가로막고 있습니다.

차가운 북풍이 그치고
남풍이 불어야 합니다.
머지않아 봄이 찾아오면
꽃들이 피어날 것입니다.

그날까지 우린
희망을 놓지 않습니다.
두 눈을 부릅뜨고 깨어있습니다.
두 손을 붙잡고 기도를 드립니다.

우리의 자리에서 최선을 다합니다.
착하고 지혜 있는 청지기가 되어
때를 따라 양식을 나누어 줍니다.
누구도 봄을 막을 수는 없습니다.

---

그러므로 깨어 있으라. 어느 날에 너희 주가 임할는지 너희가
알지 못함이니라. Matthew 24:42

# 101. 열 처녀

당신을 기다리는
그리움에 젖어
오늘도 하염없이
하늘을 바라봅니다.

기다리고 기다리다
목이 메어오고
우리는 속이 텅 빈
열녀가 되었습니다.

언제 당신이 찾아오실지,
언제까지 우리는
기다려야 될 것인지,
우리의 끝은 보이지 않습니다.

하늘빛이 조금만 달라지고
구름 한 점만 살며시 일어나도
우리의 눈은 희망에 젖어
뜨거운 눈물이 흘러내립니다.

매일 등잔을 닦아
기름을 준비하고

당신의 길을 밝혀
마음을 모읍니다.

당신의 발소리에
귀를 기울이며
나를 부르는 소리를
가슴에 담습니다.

언제든지 당신이 부르시면
당신께 달려가기 위해
세상의 어떤 미련도
거두었습니다.

오직 당신의 음성이
나의 사랑이 되어
영혼의 순례를
준비합니다.

그 때에 천국은 마치 등을 들고 신랑을 맞으러 나간 열 처녀와
같다 하리니. Matthew 25:1

# 102. 달란트

당신께서 고이 맡기신
그 보화가 너무나 커서
나는 그것을 감히
감당할 수가 없사오니

날마다 하늘을 향해
감사의 손을 모으고
주어진 시간을
수놓아 갑니다.

그것이 당신의 은혜이고
그것이 나의 사랑입니다.
나는 그것을 잊을 수가 없습니다.
망각은 가장 무서운 죄악입니다.

더 이상 다른 것을
구하지 않습니다.
당신의 축복이
내게 족합니다.

없는 것을 구하지 않고
있는 것을 찾아내어

그것으로 당신께
영광을 돌립니다.

날마다 완성이요
매일이 성취입니다.
한순간도 헛되이
살아갈 수가 없습니다.

지극히 적은 일에
최선을 다하며
내일을 위해 오늘을
묻어두지 않습니다.

심은 대로 거두게 하시고
헤친 후에 모아 거두시니
당신의 즐거움에 함께하는
사랑의 조그만 씨알입니다.

각각 그 재능대로 한 사람에게는 금 다섯 달란트를, 한 사람에
게는 두 달란트를, 한 사람에게는 한 달란트를 주고 떠났더니.
Matthew 25:15

# 103. 의인

나는 간다.
그들의 곁으로
내 아버지, 내 어머니
가난한 내 형제들에게로…

아무것도 가진 것 없는
하늘만 바라보고 사는
희망의 무덤.
아픔의 현장.

어디를 둘러봐도
소원의 귀를 기울여도
도움의 소리는 들리지 않고
기적은 일어나지 않는다.

그렇게 쉽게
하늘은 열리지 않을 것이다.
더 많은 희생의 제물이
있어야 한다.

내가 죽어야 한다.
그곳으로 가야 한다.

아무도 가지 않는
그 길을 걸어야 한다.

그렇지 않다면
내가 이 땅에 존재할 이유가 없다.
내가 아니라도
먹고 살 사람은 많다.

삶의 선택은 각자의 몫이다.
거룩이냐, 거짓이냐?
지금 잘 먹고 부귀를 누리든지
지금 배고프고 하늘을 택하든지

적어도 난
그들을 부러워하지는 않는다.
내가 서있는 자리에서
사랑을 이루어 간다.

---

의인들이 대답하여 이르되 주여, 우리가 어느 때에 주께서 주
리신 것을 보고 음식을 대접하였으며 목마르신 것을 보고 마
시게 하였나이까? Matthew 25:37

# 104. 옥합

나를 깨뜨려
당신께 드렸습니다.
내가 가진 모든 것은
오직 이것이었습니다.

그래도 난
당신을 위해
당신께 드릴
마음을 준비했습니다.

아무에게도
드린 적이 없는
처음의 마음이요
내가 가진 전부였습니다.

그것은 매일
나의 삶의 자리에서
갈고 닦은 기도였으며
광야에서 출산한 수행이었습니다.

언제나 당신을 생각했습니다.
당신이 기뻐하실

그 모습을 그리며
새벽의 노래를 불렀습니다.

단 한 번
당신의 성체를 위해
나의 전부를 드렸기에
그것은 허비가 아니었습니다.

그것은
당신의 죽음을
영원으로 이어지게 하는
성스러운 헌신이었습니다.

한순간을 살더라도
가치 있는 삶을 살고 싶었습니다.
일생에 걸쳐 완성한 미소를
당신께 드리고 싶었습니다.

---

한 여자가 매우 귀한 향유 한 옥합을 가지고 나아와서 식사하
시는 예수의 머리에 부으니. Matthew 26:7

## 105. 배반


친구여,
너는 너의 길을 가라.
나는 나의 길을 가리라.
가서 너의 할 일을 하라.

어차피 우리는
같이 갈 수가 없구나.
하늘 아래 우리에게
두 갈래 길이 놓여있다.

나에게 주어진 이 길을
피하지 않으련다.
꼭 짊어져야 한다면
내가 져야 하리라.

너를 저주하지 않으리라.
그것이
네가 택한 길이라면
너의 축복을 빌어주마.

하지만 칼을 쓰는 자는
칼로 망하게 되리니

하늘의 칼로
너를 먼저 쪼개야 하리라.

살고자 하는 자는 죽을 것이요
죽고자 하는 살 것이니
나는 반드시 무덤을
쪼개고 나오리라.

내가 사라져도
정신은 영원하니
그 어떤 것도
나를 가둘 수 없으리라.

이것이 나의 보상이요
내가 다시 살아나는 징표이니
나는 영원자요
나를 따르는 자는 거기에 있으리라.

---

내가 예수를 너희에게 넘겨주리니 얼마나 주려느냐 하니 그들
이 은 삼십을 달아주거늘. Matthew 26:15

## 106. 마지막 만찬

내가 죽어 흘리는
그 성혈을 마시라.
우리는 모두
죽음으로 살아간다.

너희도
나를 위해
생명을 위해
고귀한 피를 흘리라.

기쁜 주검이 있고
슬픈 주검이 있으니
한 번 죽는 것은 정한 이치로되
어떻게 죽는가 하는 것이 문제로다.

거룩하지 않은
피가 있는가?
존귀하지 않은
생명이 있는가?

밥은 곡식의 죽음이요
고기는 생명의 죽음이니

피 흘림이 없는 생명이
존재할 수 있었던가?

받아먹으라.
받아 마시라.
기쁨으로
나의 몸을 받으라.

내가 다시 올 때까지
이것으로 나를 기념하라.
이것이 영원히 계속되는
나의 사랑인 것이니

너희의 자리에서
죽음을 노래하라.
끝없는 절망에서
생명의 꽃 피우라.

---

이것은 죄 사함을 얻게 하려고 많은 사람을 위하여 흘리는 나
의 피 곧 언약의 피니라. Matthew 26:28

# 107. 오늘 밤에

어차피 혼자 가는 길이다.
지금까지 홀로 걸어왔다.
묵묵히 나의 길을
걸어가는 것이다.

사람을 바라보지 않는다.
인간을 의지하지 않는다.
그들은 오늘 밤에
나를 버릴 것이다.

목숨이 아까워
공포가 두려워
그들의 믿음을
저버릴 것이다.

자기의 배를 위해
현실을 연장하기 위해
구차한 생명을
구걸할 것이다.

큰소리를 치고
감옥에 가두고

육체에 고통을 가하면
겁에 질려 항복할 것이다.

가진 것이 많은 자들은
삶을 포기할 수가 없다.
세상 것에 집착한 자들은
여러 계산을 하게 된다.

이대로는 생명의 역사를
일으킬 수가 없다.
그들은 철저하게
자신을 알아야 한다.

사람은 약함에서 강해지고
막다른 골목에서 행동을 하게 된다.
다시 갈릴리로 가야 한다.
거기에서 역사를 시작해야 한다.

예수께서 이르시되 내가 진실로 네게 이르노니 오늘 밤 닭 울
기 전에 네가 세 번 나를 부인하리라. 마태26:34

# 108. 겟세마네(Gethsemane)


더 이상 나아갈 길이 없었을 때
당신 앞에 찾아왔습니다.
당신 앞에 엎드려
나의 무릎을 꿇었습니다.

세상에선 더 이상
바라볼 것이 없었습니다.
아무것도 보이지 않았습니다.
아무것도 남아있지 않았습니다.

그래서 그들이 이렇게
죽음을 택하는 모양입니다.
마지막 절망의 출구는
희망의 입구가 됩니다.

오늘도 당신의 산에 오릅니다.
이제 내 앞에 남아있는 것은
나의 십자가를 지고
주어진 길을 걸어가는 것입니다.

내가 걸어가는 이 길이
과연 역사를 일으킬 수 있을까요?

아무런 역사도 일어나지 않는다면
나의 죽음은 어떠한 가치를 가지는 것일까요?

어차피 이것도 내 앞에 던져진
운명의 주사위입니다.
가슴에 품고 갈
나의 숙명입니다.

이것이 과연 당신의 뜻입니까?
어머니보다 앞서
죽음의 길을 감으로
평생의 한을 남기는 것.

모든 것을 당신께 맡깁니다.
나머지는 당신께서 하셔야 합니다.
나는 그저 나의 십자가를 지고
당신의 길을 걸어갈 뿐입니다.

만일 할 만하시거든 이 잔을 내게서 지나가게 하옵소서! 그러
나 나의 원대로 마옵시고 아버지의 원대로 하옵소서! Matthew
26:39

# 109. 칼을 거두라

너의 칼을 거두라.
상대에게 비수를 꽂지 말라.
원수를 네 손으로 갚지 말라.
아무런 원한을 가지지 말라.

겸손히 묵묵히
최선을 다하고
나머지 모든 것은
하늘의 뜻에 맡기라.

칼을 쓰는 자는
칼로 망하게 되는 것.
자기가 자랑하는 그것으로
자기의 올무에 빠지게 될 것이다.

남들이 잘 먹고 잘 산다고
배 아파 하지 말라.
선행을 하다가 낙심하지 말고
수행을 하다가 포기하지 말라.

하늘이 살아있고
땅이 존재하는 한,

때가 되면 열릴 것이요
심은 대로 거두게 될 것이다.


네가 살아가는
너의 자리에서
지금 선을 심으라.
선으로 악을 이기라.


너희의 선으로
악이 정체를 드러낼 것이요
그들이 세운 화려한 도시는
모래성처럼 허물어지리라.


마른하늘에 벼락이 칠 것이고
그들은 두려워 떠는 마음으로
편안하게 자리에 들지 못하리라.
그것이 바로 그들의 심판이리라.


이에 예수께서 이르시되 네 칼을 도로 칼집에 꽂으라. 칼을 가
지는 자는 다 칼로 망하느니라. Matthew 26:52

# 110. 인자

네가 하나님의 아들이라고?
하늘의 선택을 받아
세상에 희망을 증거하고
사람을 죄에서 구원할 메시야란 말인가?

네가 이 성전을 헐고
사흘 만에 지을 수 있다는 것이지?
우리 선조들이
사십 년 동안 지은 성전인 것을.

네가 이 성전보다 더 크다는 것인가?
네가 안식일의 주인이라는 것인가?
죽음을 두려워하지 않는다고?
무덤을 깨트리고 다시 일어난다고?

너는 누구인가?
무슨 권위로 이런 일을 하고 있는가?
누가 너에게 이런 권위를 주었단 말인가?
너는 너의 말을 반드시 증명해야 할 것이다.

네가 말하였도다.
나는 사람의 아들이요,

거룩한 아버지의 형상이며
생명의 수호자라고.

나는 평화의 선포자요
새 역사의 기원이라고.
나를 통해 생명의
역사가 시작되리라고.

너희가 나의 몸은 죽일 수 있겠지만
나의 영혼은 어찌할 수 없으리라고.
너희가 세운 나라는 허물어지겠지만
내 아버지의 나라는 영원하리라고.

이제 머지않아
나의 정신이 세계를 지배할 것이라고.
나를 죽이는 너희는 사라지겠지만
내가 뿌린 생명은 세상을 덮게 되리라고.

예수께서 이르시되 네가 말하였느니라. 그러나 내가 너희에게
이르노니 이 후에 인자가 권능의 우편에 앉아있는 것과 하늘
구름을 타고 오는 것을 너희가 보리라. Matthew 26:64

# 111. 통곡

당신께 내 삶을 바쳤습니다.
지금까지 당신과 함께 지내왔습니다.
당신에게 나의 모든 것을 걸었습니다.
그런데 이렇게 마칠 수밖에 없는 것입니까?

이제 우리는 어떻게 되는가요?
우리의 꿈은 어디로 가는가요?
우리가 일생을 붙잡고 걸어왔던
그 희망은 어디에 있는가요?

지금이라도 늦지 않습니다.
당신의 능력을 발휘하십시오.
당신의 기적을 일으키십시오.
할 수 있는 모든 것을 하십시오.

명령만 내리십시오.
우리가 일어서겠습니다.
그토록 약하고 비참하게
삶을 마쳐야 되겠습니까?

정녕 안 되겠습니까?
이렇게 끝내시겠습니까?

그렇다면 좋습니다.
나도 나의 길을 가겠습니다.

나는 당신을 알지 못합니다.
무슨 말을 하는지 알 수가 없네요.
하늘에 맹세코 나는
당신과 관계가 없습니다.

내가 당신과 한패라고요?
그런 말씀은 하지도 마세요.
나는 당신을 본 적도 없습니다.
당신은 저주를 받을 사람입니다.

당신은 인생의 실패자요,
용기 없는 나약한 거짓말쟁이며
헛된 환상으로 사람들을 호도하는
신비주의 종교인에 불과합니다.

---

이에 베드로가 예수의 말씀에 닭 울기 전에 네가 세 번 나를
부인하리라 하심이 생각나서 밖에 나가서 심히 통곡하니라.
Matthew 26:75

## 112. 유다의 죽음

나는 간다.
나의 세상으로.
나는 날마다 혁명을 꿈꾸었다.
너와 함께 그 세상을 이루고 싶었다.

우리의 젊음을 이 땅에 바쳐왔다.
수없는 세월을 견뎌왔던 고통의 땅.
이 땅의 사람들에게 희망을 주고 싶었다.
그래도 그럴 권리는 우리에게 있지 않았던가?

그러나 친구여,
우리의 길은 달랐다.
너는 너무 높이 있었고
나는 너무 낮게 있었다.

우리가 태어난 이 땅이
너의 목표가 아니란 말인가?
네가 원하는 세상은 이 땅이 아니었던가?
우리는 정녕 다른 세상을 꿈꾸었던가?

우리는 너무 오랜 세월을 기다려왔다.
어떻게 하늘의 때만 기다리란 말인가?

언제까지 우리는 기다려야 한단 말인가?
이제 무언가 일어나야 할 때가 된 것이다.

사랑하는 친구여,
이제 나는 가야 한다.
끝까지 남은 한을 가슴에 품고
너보다 먼저 내가 가야 한다.

그러나 이것만은 알아다오.
나는 배반자가 아니라는 것을…
우리가 죽어야 봉기가 일어날 것이며
피를 흘려야 꽃이 피어난다는 것을…

우리는 얼마나 많은 피를 흘려야 되는 것인가?
하늘이여, 이제 그만하라.
당신이 그토록 피를 원하신다면
내가 그 피를 모두 흘릴 것이다.

---

유다가 은을 성소에 던져 넣고 물러가서 스스로 목매어 죽은
지라. Matthew 27:5

# 113. 바라바(Barabbas)

아무도 일어서지 않았을 때,
나는 앉아있을 수가 없었습니다.
모두들 숨을 죽이고 있었을 때
나는 숨어있을 수가 없었습니다.

나는 그들에게
희망을 보여주고 싶었습니다.
적어도 살아있는 인간이라면
그렇게 살아서는 안 되었습니다.

그들에겐 내가
불온한 테러리스트였고
불순한 혁명분자였습니다.
그것은 그들의 시각이었습니다.

당신이라면 어떻게 하겠습니까?
시키는 대로 죽어지내는 것이
그들의 뜻이었습니다.
그것이 그들의 평화였습니다.

밟으면 밟히고
누르면 눌리고

까라면 까는 것이
그들이 원하는 것이었습니다.

그렇게 하지 않으면
하늘의 뜻을 거역하는 것이었습니다.
세상을 소란케 하는
무서운 역병이었습니다.

그러나 무엇이 진리인지는
살아있는 역사가 증명합니다.
무언가 할 수 있는 것은
끝까지 해야 하는 것입니다.

살아있는 정신이 문제였습니다.
폭력에 먹히지 않고 어둠을 이기는
그 사랑의 정신을 가져야 했습니다.
나는 그분에게서 그것을 보았습니다.

---

그들이 모였을 때에 빌라도가 물어 이르되 너희는 내가 누구
를 너희에게 놓아주기를 원하느냐? 바라바냐? 그리스도라 하
는 예수냐? Matthew 27:17

# 114. 유대인의 왕

나는 왕입니다.
영토도 빼앗기고
주권도 잃어버린
식민지 유대의 왕.

나는 적어도
그것이 부끄러운 줄은 알고
하늘의 뜻이 아니라는 것은
알고 있었습니다.

나는 수치스러운
그 진흙탕에서
내 육신의 안위만을
생각하지는 않았습니다.

나의 왕관은
빛나는 가시관이요
나의 홀은
진리의 지팡이였습니다.

나의 예복은
피 묻은 사랑의 홍포요

나의 왕좌는
사형수 피고석이었습니다.

나의 백성은
나를 못 박으라고 소리쳤고
저주의 십자가형을
나에게 선고했습니다.

하지만 나는 그곳에서
새로운 제국을 시작합니다.
그것은 영원한 평화를 추구하는
하늘의 나라입니다.

나는 십자가를 어깨에 메고
골고다의 길을 걸어갑니다.
쓰러지고 쓰러져도 다시 일어나
주어진 운명의 길을 걸어갑니다.

가시관을 엮어 그 머리에 씌우고 갈대를 그 오른 손에 들리고
그 앞에서 무릎을 꿇고 희롱하여 이르되 유대인의 왕이여 평
안할 지어다. Matthew 27:29

## 115. 십자가

나를 비웃으라.
나를 조롱하라.
나를 모욕하고
나에게 손가락질 하라.

그것이 바로
나의 길이다.
그것을 위해서
내가 이 땅에 왔다.

가장 비참하고
가장 비천한 길.
가장 흉악하고
가장 있을 수 없는 일.

나는 여기에서
내려갈 수가 없다.
운명의 주사위는
이미 던져졌다.

나를 가만 놔두라.
모두가 원하지 않는

내가 원하는 길이다.
내가 가야만 하는 길이다.

내가 그것을
증명해야만 한다.
십자가 뒤에는 부활이 있고
역사의 수레바퀴는 되돌릴 수 없다는 것.

조금 천천히 돌고
잠간 멈추게 할 수는 있겠지만
하늘의 시계는
계속 돌아가는 것이다.

그것이 여기에서
내가 죽어야 되는 이유이다.
그렇지 않아도 이제는 어쩔 수 없다.
내가 선택한 길이기에 내가 책임을 진다.

---

그가 남은 구원하였으되 자기는 구원할 수 없도다. 지금 십
자가에서 내려올지어다. 그리하면 우리가 믿겠노라. Matthew
27:42

## 116. 버 림

나의 아버지여,
이것이 당신의 뜻입니까?
정녕 내가 이 길을
걸어야만 하는 것입니까?

당신에게 나는 무엇입니까?
나는 당신에게 어떤 존재입니까?
당신은 나를 위해
무엇을 할 수 있습니까?

아무것도 보이지 않고
아무런 소리도 들리지 않는
무서운 침묵.
캄캄한 절망.

아무것도 할 수 없는
나의 마지막 탄식은
당신의 하늘을 여는
비상의 출구였습니다.

거기에서 나는
당신의 마음을 느꼈습니다.

그것은 나를 버리라는
당신의 뜻이었습니다.

하늘은 찢어져
성소의 휘장을 내리우고
나의 부끄러움을
덮어 주었습니다.

당신은 나를
버린 적이 없었습니다.
그것은 나의 실존을 깨닫게 하는
당신의 은총이었습니다.

허황된 기적을 바라지 않습니다.
목숨의 연장을 구하지 않습니다.
다만 내가 원하는 것은
당신의 진실을 밝히는 것입니다.

나의 하나님, 나의 하나님, 어찌하여 나를 버리셨나이까?
Matthew 27:46

## 117. 하나님의 아들

다 이루었습니다.
때가 되었습니다.
이제 당신께로
돌아갑니다.

나를 받으소서!
아무런 미련도 남기지 않고
모든 애착의 끈을 끊어버리고
당신의 집으로 들어갑니다.

낡은 옷을 벗고서
움켜쥔 손을 놓고서
아무도 들어가지 않은
새 집으로 들어갑니다.

나의 시간은
끝이 났습니다.
더 이상 나에겐 할 일이
남아있지 않습니다.

나머지는
당신이 하셔야 합니다.

내가 쏜 화살은
시위를 떠났습니다.

고통은 사라졌고
슬픔은 존재하지 않습니다.
그것은 완성을 향한
최선의 삶이었습니다.

나의 얼굴엔
미소가 흐르고
나의 영혼은
영원을 보았습니다.

그것은 바로
당신이 그토록 바라셨던
내가 하늘의 아들이 되는
그 순간이었습니다.

---

백부장과 및 함께 예수를 지키던 자들이 지진과 그 일어난 일
들을 보고 심히 두려워하여 이르되 이는 진실로 하나님의 아
들이었도다 Matthew 27:54

# 118. 인봉

어리석은 일입니다.
어떻게 역사의 흐름을 막을 수가 있을까요?
아무리 어두워도 새벽은 찾아오고
막혔던 강물은 터지고야 맙니다.

우리가 할 수 있는 유일한 일은
두 눈을 부릅뜨고 깨어있는 것이며
두 손을 모으고 기도할 뿐입니다.
그리고 끝까지 기다리는 것입니다.

절망은 그들이 원하는 것이며
체념은 무기력을 가져오게 합니다.
분쟁하는 나라는 설 수가 없습니다.
그들이 노리는 것이 바로 그것입니다.

무덤 문을 막아도
공기는 드나들며
바윗돌로 인봉해도
생명은 분출합니다.

북풍한설에도
봄은 찾아오며

때늦은 추위에도
꽃은 피어납니다.

그것이 우리의 희망입니다.
우리는 희망을 거둘 수가 없습니다.
우리가 꿈을 버리는 날,
우리의 생명은 끝이 납니다.

우리는 그것을 증명해야 합니다.
날마다 죽고
날마다 부활하는
우리가 바로 그 증거입니다.

깊이 침잠하여
새벽을 기다립니다.
언제 당신이 찾아오실지…
언제 당신이 일어나실지…

---

그들이 경비병과 함께 가서 돌을 인봉하고 무덤을 굳게 지키
니라. Matthew 27:66

# 119. 첫 날

새벽에 일어나
첫 날을 기다립니다.
이제 기다림은
일상이 되었습니다.

끝까지 기다리는 자만이
아침을 맞이합니다.
찬란한 일출의
승자가 됩니다.

나는 그렇게
일어나고 싶었습니다.
죽음을 딛고
다시 살아나고 싶었습니다.

쉽게 되는 것은 아니지만
어려운 것도 아닙니다.
모든 역사는
생각 속에서 일어납니다.

누구라도
생각은 할 수 있습니다.

그리고 그 생각의 결정은
어느 날 현실이 됩니다.

누가 끝까지
생각을 멈추지 않으며
누가 마지막까지
기다릴 수 있을까요?

다시 시작합니다.
어둠이 지나고
새 날이 밝아오는
역사의 증인이 되기 위해…

지금 여기에서
새벽을 삽니다.
오늘 떠오르는 태양을
나의 가슴에 품습니다.

안식일이 다 지나고 안식 후 첫날이 되려는 새벽에 막달라 마
리아와 다른 마리아가 무덤을 보려고 갔더니. Matthew 28:1

# 120. 끝날까지

제자가 아니라면
존재의 이유가 없습니다.
생명이 아니라면
존재의 미래는 없습니다.

자기가 묻힐
무덤을 파는 사람들.
멸망을 향해
질주하는 사람들.

무엇이 진리인지?
무엇이 살길인지?
아무런 생각도 없이
하루를 살아가는 사람들.

멈춤이 필요하고
회개가 있어야 합니다.
새로운 세상을
시작해야 합니다.

두 번째 탈출을
시작하지 않는다면

우리가 세운 문명은
폐허가 될 것입니다.

다시 일어서야 합니다.
갈릴리로 가야 합니다.
가난의 영성으로
돌아가야 합니다.

이제 시작입니다.
날마다 수행의 자리에서
그가 살아가신 삶을 따라
생명의 길을 걸어갑니다.

그의 약속이
우리의 희망입니다.
그 약속을 믿고
오늘을 살아갑니다.

---

내가 너희에게 분부한 모든 것을 가르쳐 지키게 하라. 내가 세
상 끝날 까지 너희와 항상 함께 있으리라. Matthew 28:20

나는 십자가만 보면
눈물이 흐른다.
하늘을 바라며 죽어간
그의 모습이 보인다.

나는 십자가만 보면
가슴이 설렌다.
어디든지 그를 따라
광야의 길을 걷는다.

날마다 죽는
진리의 세계.
날마다 부활하는
창조의 세계.

날마다 새로운 역사가 일어나는
역동의 세계.
날마다 혁명이 일어나는
변혁의 세계.

십자가를 바라볼 때마다
나에겐 두 팔을 벌리고
자신을 모두 내어준
그의 모습이 보인다.

그래, 거기에
희망이 있는 것이다.
그것이 우리의 구원이요
거기가 우리가 살아갈 곳이다.

그 길을 우리에게 알려주려고
그는 거기에 자신을 바친 것이다.
오늘도 자신을 따라 오라고
손짓을 하는 것이다.

십자가를 바라볼 때마다
벌거벗은 그가 보인다.
그를 따라 길을 걸어갈
나의 모습이 보인다.